汽车维修职业技能培训教程

汽车车身电气系统诊断与维修

主　编：宛　东　　谭克诚
副主编：贺　民　　杨玲玲　　闫云敬　　苏宇锋
　　　　伦洪山　　刘建豪　　甘勇辉
参　编：王俪颖　　崔彩霞　　陆　洋　　王海文
　　　　卫兴奥　　周　钰

机械工业出版社

《汽车车身电气系统诊断与维修》紧密结合现代汽车车身电气系统诊断与维修生产实际，契合融"教—学—做"为一体的教学方法和手段，满足高等职业教育推行工学结合人才培养模式的发展需要。

本书以汽车车身电气系统诊断与维修为主线，采用理论与实践操作相结合的编写模式，内容包括车载网络、安全与防护系统、仪表与多媒体系统、自动空调系统、实训指导、实训操作认证样题和课程测试题，较全面地阐述了汽车车身电气系统的结构、工作原理，以及故障诊断与排除方法。

本书可作为高等职业院校、高等专科院校、成人高校、民办高校和本科院校二级职业技术学院汽车检测与维修技术及相关专业的教学用书，也可作为汽车维修技术人员及相关从业人员的业务参考书及培训用书。

图书在版编目（CIP）数据

汽车车身电气系统诊断与维修/宛东，谭克诚主编. —北京：机械工业出版社，2020.5

汽车维修职业技能培训教程

ISBN 978-7-111-65719-4

Ⅰ.①汽… Ⅱ.①宛…②谭… Ⅲ.①汽车-车体-电气系统-故障诊断-高等职业教育-教材②汽车-车体-电气系统-车辆修理-高等职业教育-教材 Ⅳ.①U472.41

中国版本图书馆 CIP 数据核字（2020）第 090141 号

机械工业出版社（北京市百万庄大街 22 号 邮政编码 100037）
策划编辑：连景岩 孟 阳 责任编辑：连景岩 孟 阳 赵 帅
责任校对：陈立辉 封面设计：马精明
责任印制：常天培
北京虎彩文化传播有限公司印刷
2020 年 7 月第 1 版第 1 次印刷
184mm×260mm · 14.25 印张 · 348 千字
0001—1500 册
标准书号：ISBN 978-7-111-65719-4
定价：49.90 元

电话服务 网络服务
客服电话：010-88361066 机 工 官 网：www.cmpbook.com
　　　　　010-88379833 机 工 官 博：weibo.com/cmp1952
　　　　　010-68326294 金 书 网：www.golden-book.com
封底无防伪标均为盗版 机工教育服务网：www.cmpedu.com

前言

随着我国汽车工业的快速发展，汽车技术日新月异，新结构、新系统、新装置在汽车上的应用不断增多。这就要求职业院校不断培养能够适应汽车技术发展的汽车运用与维修人才。本书基于汽车维修技师应掌握的现代汽车车身电气系统诊断与维修知识及相关技能编写。

本书的编写结合了汽车4S店的技术服务实践，具有较强的针对性，较好地贯彻了素质教育的思想，力求体现以人为本的理念，从行业岗位群的知识和技能要求出发，结合对学生创新能力和职业道德方面的要求。

本书针对相关教学方法和手段进行了改革，融"教—学—做"为一体，将课堂与实训室融合，力求提高学生的职业技能，同时提升教学质量。

本书配有课程PPT、实训指导（含任务工单）、实训操作认证样题和课后练习题电子文档，这对提高学生的综合能力与素质有很大帮助。本书有如下特点：

1. 理论与实践相结合：本书将理论学习与实践学习相结合，有利于提高学生的实际操作能力。

2. 引导学生主动学习：学生根据自己的实际操作项目填写实训指导任务工单，并进行数据处理与分析，把理论知识应用到实践中，将理论知识转化为实用技能。

参加本书编写的人员分工如下：谭克诚和闫云敬编写第一章；宛东和苏宇锋编写第二章；杨玲玲、王俪颖和陆洋编写第三章；伦洪山和刘建豪编写第四章；贺民、甘勇辉、崔彩霞和卫兴奥编写第五章；王海文和周钰编写第六章和第七章。本书的编写工作得到了上汽通用五菱公司市场与网络部工作人员的悉心指导，在此表示衷心感谢。

编者在编写过程中参考了相关资料和文献，在此向原作者表示感谢。

由于编者水平有限，书中难免有疏漏之处，恳请读者批评指正。

编　者

目录

前言
安全注意事项 ………………………………… 1
第一章　车载网络 …………………………… 2
　第一节　车载网络基础知识 ………………… 2
　　一、数字信号基础 ………………………… 2
　　二、车载网络通信术语 …………………… 4
　第二节　关键字协议 2000 …………………… 6
　　一、ISO 14230 网络应用 ………………… 7
　　二、ISO 14230 网络工作 ………………… 8
　第三节　LIN 网络通信 ……………………… 9
　　一、LIN 总线通信特点 …………………… 9
　　二、LIN 结构和传输原理 ………………… 11
　　三、LIN 网络结构 ………………………… 14
　　四、LIN 网络信号传输 …………………… 14
　　五、LIN 网络数据结构 …………………… 15
　　六、LIN 的应用 …………………………… 17
　　七、LIN 总线故障诊断 …………………… 21
　第四节　CAN 网络通信 ……………………… 24
　　一、CAN 数据总线系统构成 ……………… 24
　　二、CAN 硬件组成 ………………………… 25
　　三、CAN 数据传输原理 …………………… 27
　　四、CAN 总线传输的数据类型 …………… 28
　　五、CAN 网络容错特性 …………………… 32
　　六、CAN 网络应用 ………………………… 35
　　七、CAN 总线故障诊断 …………………… 52
　　八、CAN 总线故障诊断应用实例 ………… 53
　第五节　模块编程与配置 …………………… 59
　　一、模块编程 ……………………………… 59
　　二、模块配置 ……………………………… 60
　第六节　学习成果自检 ……………………… 61
　第七节　章练习题 …………………………… 62
第二章　安全与防护系统 …………………… 66
　第一节　遥控系统 …………………………… 66
　　一、遥控系统的组成 ……………………… 66
　　二、遥控系统的工作原理 ………………… 68
　　三、遥控系统的故障分析 ………………… 73
　第二节　车身防盗系统 ……………………… 77
　　一、车身防盗系统的组成 ………………… 77
　　二、车身防盗系统的工作模式 …………… 77
　　三、车身防盗系统的故障分析 …………… 78
　　四、车身防盗系统的应用实例 …………… 79
　　五、车身防盗系统与中控门锁和遥控系统的
　　　　关系及故障分析 ……………………… 81
　第三节　发动机防盗系统 …………………… 83
　　一、发动机防盗系统的组成 ……………… 83
　　二、发动机防盗系统的工作原理 ………… 87
　　三、发动机防盗系统匹配原理 …………… 90
　　四、发动机防盗系统故障分析 …………… 92
　　五、发动机防盗系统故障诊断实例 ……… 93
　　六、不带 PEPS 系统车辆的防盗匹配 …… 96
　第四节　PEPS 系统 ………………………… 101
　　一、PEPS 系统的功能 …………………… 101
　　二、PEPS 系统的组成 …………………… 103
　　三、PEPS 系统的工作原理 ……………… 111
　　四、PEPS 系统的故障诊断 ……………… 116
　　五、带 PEPS 系统车辆的 PEPS 匹配 …… 121
　第五节　乘员保护系统 …………………… 124
　　一、乘员保护系统的功能 ………………… 124
　　二、乘员保护系统的组成 ………………… 125
　　三、安全气囊模块的控制策略 …………… 129
　　四、乘员保护系统的故障诊断 …………… 131
　　五、乘员保护系统的维修 ………………… 133
　第六节　倒车雷达系统 …………………… 135
　　一、倒车雷达系统的组成 ………………… 136

二、倒车雷达系统的工作原理 ……… 137
三、倒车雷达系统故障诊断 ……… 139
第七节 学习成果自检 ……………… 140
第八节 章练习题 …………………… 141

第三章 仪表与多媒体系统 145
第一节 仪表系统 …………………… 145
一、仪表系统的功能与组成 ……… 145
二、仪表系统的工作原理 ………… 146
三、仪表系统信息传输方式 ……… 147
四、仪表系统的故障诊断 ………… 149
第二节 多媒体系统 ………………… 153
一、多媒体系统的组成与基本原理 … 153
一、多媒体系统的故障诊断与维修 … 157
第三节 学习成果自检 ……………… 162
第四节 章练习题 …………………… 163

第四章 自动空调系统 166
第一节 自动空调系统的功能 ……… 166
一、自动模式 ……………………… 166
二、手动模式 ……………………… 167
第二节 自动空调系统的组成与原理 … 169
一、空调控制模块 ………………… 170
二、传感器 ………………………… 171
三、执行器 ………………………… 174
第三节 自动空调系统故障诊断 …… 176
一、自诊断 ………………………… 176
二、诊断仪读取故障码或数据流 … 177
第四节 学习成果自检 ……………… 178
第五节 章练习题 …………………… 178

第五章 实训指导 180
第一节 CAN 网络通信实训 ………… 180
任务1：CAN 网络的容错特性 …… 180
任务2：单个模块无法通信时的故障 … 182
第二节 LIN 网络通信实训 ………… 183
任务1：LIN 线信号特征及电压测量 … 183
任务2：LIN 线故障模拟诊断 …… 184
任务3：电动车窗开关位置识别 … 185
第三节 模块编程与配置实训 ……… 186
任务1：模块编程 ………………… 186
任务2：模块配置 ………………… 186
第四节 车身防盗系统实训 ………… 187
任务1：车身防盗警戒模式的设置与
解除 ……………………… 187

任务2：车身防盗警戒模式的触发与解除 … 189
第五节 发动机防盗系统实训 ……… 190
任务1：发动机防盗措施 ………… 190
任务2：发动机防盗系统电路的诊断 … 191
任务3：读取发动机防盗系统数据流 … 192
任务4：不带 PEPS 系统车辆的防盗
匹配 ……………………… 193
第六节 PEPS 系统实训 …………… 194
任务1：PEPS 系统功能操作 …… 194
任务2：部件信号测量及诊断仪数据流
应用 ……………………… 197
任务3：PEPS 系统故障诊断 …… 197
任务4：带 PEPS 系统车辆防盗匹配 … 199
第七节 乘员保护系统实训 ………… 200
任务：乘员保护系统诊断与维修 … 200
第八节 倒车雷达系统实训 ………… 202
任务：倒车雷达系统故障诊断 …… 202
第九节 仪表系统实训 ……………… 203
任务1：燃油油位处于不同位置时传感器
电阻值、信号电压值和 WDS
数据值的测量 …………… 203
任务2：诊断仪执行仪表特殊功能指令 … 205
第十节 多媒体系统实训 …………… 205
任务1：多媒体系统部件诊断 …… 205
任务2：导航系统升级 …………… 206
第十一节 自动空调系统实训 ……… 207
任务1：自动空调系统功能认知 … 208
任务2：自动空调系统部件检测 … 208
任务3：压缩机故障诊断 ………… 209

第六章 实训操作认证样题 211
第一节 CAN 网络实训操作认证样题 … 211
一、教师用评分标准 ……………… 211
二、技师用答题纸 ………………… 212
第二节 PEPS 系统实训操作认证样题 … 212
一、教师用评分标准 ……………… 212
二、技师用答题纸 ………………… 213

第七章 课程测试题 214
第一节 课程测试题样题 …………… 214
第二节 课程测试答题卡 …………… 218
第三节 课程测试答案 ……………… 219

参考文献 …………………………… 220

安全注意事项

汽车维护作业注意事项

1）佩戴安全防护眼镜以保护眼睛。
2）在被举升的车辆下作业时，应使用安全支架。
3）确保点火开关始终处于 OFF 位，除非另有要求。
4）在车内工作时，应施加驻车制动。如果是自动变速器车型，则应将变速杆置于 P（驻车）位，除非要求置于其他档位。如果是手动变速器车型，则应将变速杆置于倒档（发动机熄火时）或空档（发动机运转时），除非要求置于其他档位。
5）在进行与发动机相关的作业时，必须使用尾气抽排设备，以防一氧化碳中毒。
6）在发动机运转时，身体及随身衣物应远离转动部件，尤其是散热风扇和传动带。
7）为防止严重烫伤，应避免接触高温金属部件，例如散热器、排气歧管、三元催化转化器和消声器。
8）维护作业现场不得吸烟。
9）为避免受伤，开始工作前应摘掉戒指、手表和项链，不要穿宽松的衣服，长头发应挽起固定于脑后。
10）不得接触散热风扇叶片，因为散热风扇随时会因发动机温度升高而转动。确保散热风扇的电源完全断开后，才能在其附近作业。

特别警告

1）许多制动摩擦片都含有石棉纤维，吸入石棉粉尘可能导致癌症，因此在对制动器进行维修时，应避免吸入粉尘。
2）用压缩空气或干刷方式清洁车辆时，从行车制动器和离合器处扬起的粉尘或污垢可能含有有害健康的石棉纤维。
3）行车制动器总成和离合器面应使用石棉纤维专用吸尘器进行清洁。粉尘和污垢应使用可防止粉尘暴扬的方法处置，例如使用密封袋。密封袋必须标有国家职业安全和卫生部门的使用说明，并将袋中所装物质告知垃圾承运人。
4）如果没有用于盛装石棉纤维的真空袋，则清洁工作必须在水湿状态下进行。如果仍然会产生粉尘，则作业人员应佩戴经国家认证的具有有毒粉尘过滤净化功能的口罩。

第一章　车载网络

● **学习要点：**

1) 车载网络基础知识。
2) 控制器局域网络（CAN）数据传输原理与故障诊断。
3) 局域互联网络（LIN）数据传输原理与故障诊断。
4) 模块编程。

● **学习目标：**

1) 能简述网络基础知识。
2) 能解释 CAN 网络传输原理，并对 CAN 网络故障进行诊断。
3) 能解释 LIN 网络传输原理，并对 LIN 网络故障进行诊断。
4) 能规范执行模块编程。

第一节　车载网络基础知识

近年来，愈发严格的安全、环保法规和用户日趋个性化的使用要求，使汽车制造商更加注重通过电子技术来改进产品性能，而汽车技术所取得的进步在很大程度上得益于电子技术的飞速发展。早期汽车的传感器、控制器和执行器之间的通信沿用点对点的连接方式，构成复杂的网状结构。随着汽车电控系统的日趋复杂，以及对各控制功能单元之间通信能力要求的提高，采用点对点连接就需要大量线束，导致线束布置困难、可靠性低以及质量较大等问题，同时给汽车设计和制造带来很大困扰。为减少车内连线，实现数据共享和快速交换，同时提高可靠性，在快速发展的计算机网络的基础上，开发出以分布式控制单元为基础构造的汽车电子网络系统。

一、数字信号基础

电子控制系统的通信，以电压或电流为载体完成。控制模块通过对电压或电流的幅值进行检测来实现信息识别。在汽车上，普通传感器与控制模块之间的通信，控制模块与执行器之间的通信，均使用模拟信号，而模块与模块之间的通信则使用数字信号。

1. 信号的定义

（1）模拟信号

图 1-1 所示为模拟信号的一种表现形式，其幅值随时间变化而连续变化。

（2）数字信号

数字信号指电压或电流在幅值和时间上是离散和突变的，如图 1-2 所示。

图 1-3 所示为 LIN 网络电压信号，此即数字信号的一种表现形式，其电压幅值在某时间

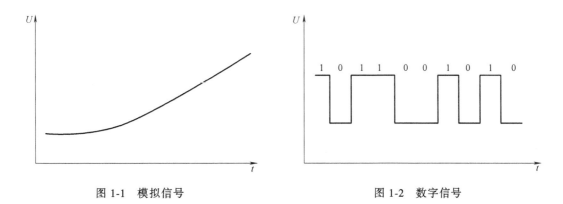

图 1-1 模拟信号　　　　　　　　　　　　图 1-2 数字信号

点上突然下降或者上升,由此可知其电压幅值是离散和突变的。

2. 数字信号识别方法

(1) 单线传输数字信号。

1) 单线传输数字信号识别方法。单线传输数字信号(如 LIN 网络),控制模块通过识别电平的高低来判断信息含义,如图 1-4 所示。

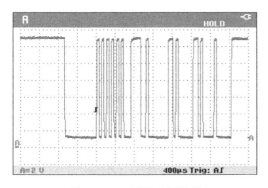
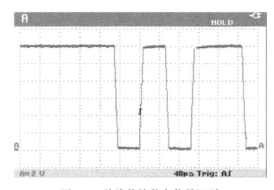

图 1-3 LIN 网络电压信号　　　　　　　　图 1-4 单线传输数字信号识别

2) 单线传输数字信号的计算。当电平高于某设定值时,认为是"1";当电平低于某设定值时,认为是"0"。

3) 单线传输数字信号的识别结果。通过识别电平高低和时间宽度,模块可判断这组信号的"1"和"0"组合。如图 1-5 所示,如果将第一个低电平点作为信号的起点,每 40μs 为一位数据,则这组信号是一个由"010110…"等数字组成的数字信号。

(2) 双线传输数字信号

1) 双线传输数字信号识别方法(图 1-6)。双线传输数字信号(如 CAN 网络),控制模块通过识别两根数据线的电平差来判断信息含义,波形 1 的波峰电压为 3.5V,波谷电压为 2.5V;波形 2 的波峰电压为 2.5V,波谷电压为 1.5V。

2) 双线传输数字信号的计算(图 1-7)。在 CAN 网络中,通过计算同一时刻两根数据线的电平差(高电平与低电平相减)来判断数据结果:电平差>1.5V,识别为"0";电平差<0.5V,识别为"1"。由此可知,当两根数据线的电压分别为 3.5V 和 1.5V 时,数据为"0";当两根数据线的电压均为 2.5V 时,数据为"1"。

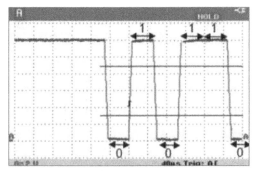

图1-5 单线传输数字信号识别结果

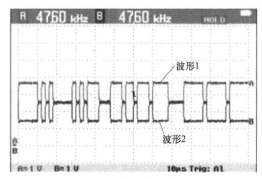

图1-6 双线传输数字信号识别

3）双线传输数字信号的识别结果。如图1-8所示，如果将左侧第一个0作为信号起点，大约每2μs是一位数据，则这组信号是一个由"00100000101110001…"等数字组成的数字信号。

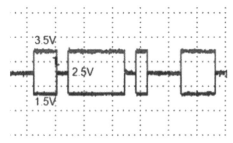

图1-7 双线传输数字信号的计算

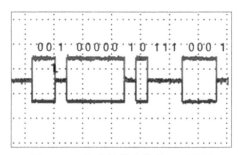

图1-8 双线传输数字信号识别结果

二、车载网络通信术语

1. 位、字节和帧

计算机采用二进制数进行数据信息传递，常用的数据单位如下：

（1）位（bit）

位指二进制数的一位0或1，也称比特（bit），它是计算机存储数据的最小单位。

（2）字节（Byte）

8位二进制数为一个字节，单位为B。字节是存储或传输数据的基本单位。存储容量单位还有千字节（kB）、兆字节（MB）和吉字节（GB），它们之间的换算关系为：1B = 8bit，1kB = 1024B，1MB = 1024kB，1GB = 1024MB。

（3）帧（Frame）

为可靠传输数据，通常将原始数据分割成一定长度的数据单元，这就是数据传输的单元，称为帧。最大帧值是1518字节，最小帧值是64字节，如图1-9所示。

2. 串行数据

串行数据是按顺序传送的一串信息，一次只传送一帧，也称一个数据流。一个数据流传输完成后，才能继续传输其他数据流。从电气的角度来说，它由从高到低的电压信号组成，也就是通常所说的二进制数字0和1。

3. 网速

网速指网络信号的传送速率,单位为 bit/s。LIN 网络的网速是 19.6kbit/s,如图 1-10 所示。

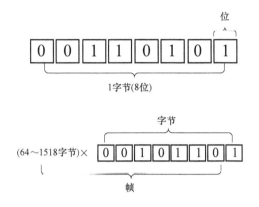

图 1-9 位、字节和帧的关系

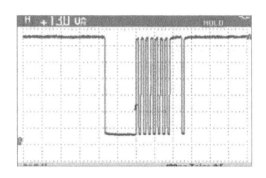

图 1-10 LIN 网络的网速

依据传输速度的不同,常见的 CAN 网络分为以下三种:
1) 低速 CAN(LS-CAN)网络,网速是 33.3kbit/s,如图 1-11 所示。
2) 中速 CAN(MS-CAN)网络,网速是 125kbit/s。
3) 高速 CAN(HS-CAN)网络,网速是 500kbit/s。

4. 通信协议

通信协议指通信双方控制信息交换规则的标准及约定的集合,即数据在总线上的传输规则。在车载网络中,要实现各控制模块之间的通信,必须制定规则,即通信方法、通信时间和通信内容,保证双方通信能相互配合。

5. 节点

使用计算机登入网络,通过某个网络平台与异地的另一台计算机通信,则两端的计算机就是网络中的两个节点,服务器终端也是一个节点。在车载网络中,节点即连接在数据总线中的控制模块,如图 1-12 所示。

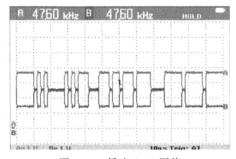

图 1-11 低速 CAN 网络

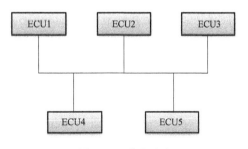

图 1-12 节点示意

6. 网关

随着电子技术的发展,汽车上的控制模块越来越多,多种协议的网络应用在汽车上。但各车载网络采用的通信协议不同,或者总线的网速不同,因此各控制模块之间难以实现信息共享。网关（Gateway）的作用就是在不同的通信协议或不同网速总线的模块之间进行通信时，建立连接和信息解码，重新编译，将数据传输给其他系统，如图1-13所示。

一个网络模块太多容易导致通信堵塞，因此往往把网络分成多组，每组之间的模块交换信息也通过网关模块进行。网关还有另一个好处，即如果一组网络因故障导致通信中断，则另一组网络仍可以正常通信。目前五菱汽车也开始大量使用网关模块。

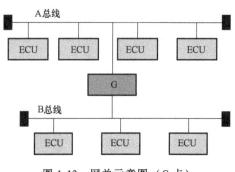

图1-13 网关示意图（G点）

如图1-13所示，A总线与B总线属于两个不同的网络。A总线上各节点间可以直接通信，但无法直接与B总线的任何节点通信，即使它们之间有电路连接。此时需要以网关G作为网间连接器，完成协议转换，从而实现跨总线信号共享。节点G既属于A总线上的节点，又属于B总线上的节点。

7. 数据总线

数据总线是控制模块间传递数字信号的通道，即"信息高速公路"。车载网络中的数据总线，类似于计算机网络的"网线"。数据总线可以实现一组数据线上传递的信号同时被多个控制模块共享，从而最大限度地提高系统整体效率，充分利用有限的资源。在车载网络中，数据总线可以是一根线（如LIN网络），也可以是两根线（如CAN网络），如图1-14所示。

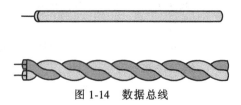

图1-14 数据总线

第二节 关键字协议2000

关键字协议2000（Keyword Protocol 2000，KWP2000）是国际标准化组织ISO 14230标准的简版。

在汽车故障诊断领域，针对诊断设备和汽车电子控制单元（ECU）之间的数据交换，各大汽车公司几乎都制定了相关的标准和协议。其中，欧洲汽车公司广泛使用的车载诊断协议标准就是KWP2000，该协议实现了一套完整的车载诊断服务，并且满足E-OBD（European On Board Diagnose）标准。宝骏乐驰的车载诊断协议标准和宝骏630的安全气囊系统诊断协议标准使用的都是KWP2000。

ISO 14230由三部分组成：第一部分定义物理层，它实际上就是在ISO 9141-2标准中定义的物理层，但是扩展到可以工作在24V系统中。这意味着凡是满足ISO 9141-2标准的车辆、模块或测试设备，只需对软件进行修改，就能满足KWP2000接口需求；第二部分定义数据链路层，其中包括信息格式和时序。它们兼容ISO 9141-2标准，但是也提供了额外选项，其中包括头部是否带有地址信息和长度信息，信息最大长度可达255B。另外还定义了通信初始化方法；第三部分定义了应用层，兼容了ISO 14229标准中描述的诊断维修实施方法。同时对于数据的排放在ISO 15031标准中进行了定义。总的来说，KWP2000可以理解为 ISO 14230 标准的简版，而 ISO 14230 中涉及 ISO 9141、ISO 14229、ISO 15031 等标准内容。同时，KWP2000 新增了一些内容。

KWP2000 是基于 K 线（控制单元和诊断仪之间进行数据传输的线）的诊断协议，通过 K 线对某个控制单元进行查询，通过 K 线、诊断仪和控制单元可进行数据交换，即通过 K 线双向传输数据（从诊断仪到控制单元，从控制单元到诊断仪）。

一、ISO 14230 网络应用

多个模块或终端组合在一起共同工作，组成了一个通信网络，而 ISO 14230 就是通过 K 线连接和通信的网络，但没有模块之间的通信。宝骏乐驰的诊断仪 X-431 与 ECU 连接，组成了一个 ISO 14230 通信网络。总之，ISO 14230 网络是采用单线式数据总线，实现诊断仪与网络控制模块通信的网络。

ISO 14230 是由 ISO 9141 发展而来的。ISO 14230 网络主要用于诊断，它仅允许网络上的模块与诊断仪之间进行通信。只有网络被诊断仪启动后，才能进行通信。网络中有一系列模块，仅在网络与诊断仪连接后，模块才通过网络的单根数据总线来发送信息。在 ISO 14230 网络中没有模块之间的通信。在上汽通用五菱（SGMW）各车型上都装有 ISO 14230 网络，其 K 线仅在与诊断仪连接后才起作用。

对于五菱宏光 S，其诊断接口电路如图 1-15 所示。

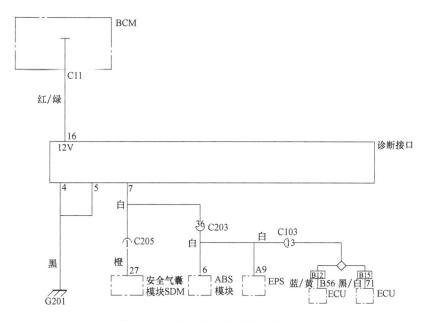

图 1-15　五菱宏光 S 车型诊断接口电路

诊断接口的 7 号针脚电路为车辆的 K 线，通过此线对车辆的 SDM、防抱死制动系统（ABS）、电动助力转向系统（EPS）及 ECU 进行通信诊断。

宝骏乐驰及五菱的其他大多数车型的诊断接口针脚定义如图 1-16 所示，其中，7、9 和 13 号针脚电路为 K 线。

宝骏 630 诊断接口针脚定义如图 1-17 所示，其中 7 号针脚电路是 K 线。

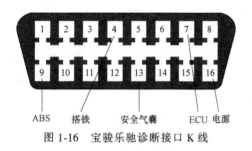

图 1-16 宝骏乐驰诊断接口 K 线

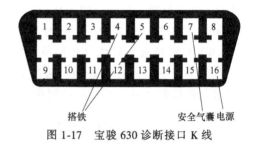

图 1-17 宝骏 630 诊断接口 K 线

二、ISO 14230 网络工作

1. 工作原理

ISO 14230 网络采用一种独特的协议（语言）进行通信。ISO 14230 协议包括电脉冲信号。根据信号的电压值，信息被转换为数字"1"或"0"，信号显示如图 1-18 所示。

电压超过蓄电池电压 70% 的信号被 ECU 编译为逻辑"1"，电压低于蓄电池电压 30% 的信号被 ECU 编译为逻辑"0"。

注意：ISO 14230 具有相对较慢的协议速度。因此，诊断过程中输入或输出（I/O）状态的瞬时变化，可能在诊断仪上无法看到。当对 ISO 14230 网络进行诊断时，通信诊断仪要过一段时间才显示输入或输出（I/O）状态的变化。

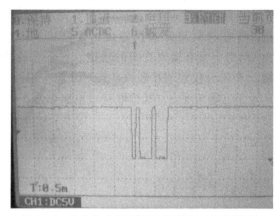

图 1-18 诊断仪与车辆模块通信时的数据波形

2. 网络启动

为启动 ISO 14230 网络，必须将诊断仪与 16 芯数据链接插口（DLC）连接。诊断仪在 K 线上传送一个唤醒模式（WUP）信号。该信号在一段空闲时间后，以 25ms 的低电平开始。诊断仪发送启动通信服务的第一位是唤醒后的第一个下降沿。诊断仪必须以 10400bit/s 进行初始化，一旦链接完成，诊断仪就能与网络进行通信，使诊断仪实现下列功能：

1）访问并显示故障码。
2）获得参数识别数据。
3）发出驱动指令。
4）检测网络通信。
5）模块编程。
6）ISO 14230 网络故障分析。
7）ISO 14230 用 K 线通信，因此只有在该电路通过测试的情况下，才能进行诊断。

3. 网络常见故障

常见故障既有 X-431 诊断仪不能开机、X-431 诊断仪无法进入模块等技术性故障，也有所选车型不对及 X-431 诊断仪版本过低等操作性故障。技术性故障要根据诊断接口的特点进行诊断，同时要考虑模块工作是否正常。操作性故障要尽量避免，不能出现所读取数据与期望数据不一致的现象。诊断仪与模块无法通信，可能的原因如下：

1）诊断仪本身故障。
2）诊断仪软件版本不匹配。
3）K线短路。
4）K线断路。
5）模块电源故障。
6）模块搭铁故障。
7）模块本身故障。
8）网络故障检测。

ISO 9141 和 ISO 14230 是一个诊断网络，并且只有在与诊断仪连接后才能起作用，因此网络的故障不会给用户带来麻烦，但是会限制对一些汽车系统的诊断功能。如果K线发生故障，则应查阅维修手册，其中有对检查数据链接插口（DLC）的指导。然后检测电路是否发生短路或断路。最后测试模块的电源和搭铁。在进行网络维修后，应再次进行网络测试，以检验网络是否工作正常。再通过检查连续内存来检查与用户提出的问题相关的模块，并对与故障现象有关的模块进行随车自检。

第三节 LIN 网络通信

传统控制系统多采用继电器和独立模式控制，导致汽车内的线束过多且布置复杂，从而引发严重的电磁干扰，使系统可靠性下降。LIN 数据总线，取代了传统线束，使信息交换变得安全、迅捷、高效。宝骏乐驰的电动车窗和电动后视镜就运用了 LIN 数据总线。

LIN 是一种用于汽车中分布式电子系统的新型低成本串行通信网络。它由汽车厂商开发，专用于低端系统，作为 CAN 总线的辅助网络或子网络。在不需要 CAN 总线的带宽和多功能的场合，如智能传感器和制动装置之间的通信，使用 LIN 总线可大幅节省成本。按美国汽车工程师协会（SAE）的车上网络等级标准划分，LIN 属于汽车上的 A 级网络。

目前，高/低速 CAN 和 J1850 总线已经成为标准的车用网络总线。这些总线速度极高，具有高抗电磁干扰性和高传输可靠性等特点，但价格也较高。大量的车身和安全性能方面的应用对车用网络总线的性能要求并不高，LIN 总线这种性价比较高的标准应用网络总线就可以满足其需求。因此，LIN 总线目前正越来越多地应用到车身电子系统中。

一、LIN 总线通信特点

LIN 总线是一种串行通信网络，可将开关、显示器、传感器和执行器等简单控制设备连接起来，主要用于汽车中的分布式电子控制系统。LIN 采用单主机/多从机的总线拓扑结构（无需总线仲裁），仅使用一根 12V 信号总线。主节点包含主任务和从任务，从节点只包含从任务。LIN 总线不需要专门的片上通信模块，采用标准串行通信接口通用异步收发传输器（UART），速率可达 20kbit/s，长度不大于 40m。同时，低功耗睡眠模式可关断总线，以避免产生不必要的功耗。LIN 总线可由任意一个节点提供电源。LIN 总线作为一种辅助总线网络，在性能要求不高的场合中，相比 CAN 总线具有更高的性价比。其优点如下：

1）LIN 总线是一种低端网络系统，可提供简单的网络解决方案，支持网络节点的互操作性，大幅减少了系统安装、调试和接线的成本和时间。

2）LIN 总线的通信量小、配置灵活，采用单线连接及单主机/多从机的通信结构（无需总线仲裁），可保证低端设备与 ECU 进行简单、快捷的实时通信。

3）通过主机节点可将 LIN 总线与上层网络（如 CAN 总线）连接，实现 LIN 的子总线辅助通信功能，从而优化网络结构，提高网络效率和可靠性。

4）LIN 的协议是开放的，任何组织和个人不需要支付费用即可获取。

LIN 网络的特性与 CAN 网络有较大区别，如主从结构、单线传输、偏压驱动、低速传输和低容错等。

1. 主从结构（图 1-19）

LIN 网络属于单主多从结构，即一组网络中包含一个主节点和多个从节点。

1）主节点能向任一从节点发送数据。

2）从节点仅在主节点的控制下向 LIN 总线发送数据。

3）主节点一旦将数据发布到总线上，任何节点都可接收该数据，但只允许一个节点回应。

2. 单线传输（图 1-20）

LIN 以单根非屏蔽导线作为数据总线，连接主节点与任一从节点。

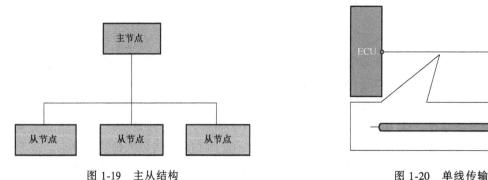

图 1-19　主从结构　　　　　　　图 1-20　单线传输

1）总线与诊断仪连接。

2）总线的最大允许长度为 40m。

3）连接在总线上的从节点数量一般不超过 16 个。从节点过多会减小网络阻抗，导致环境条件变差。

3. 偏压驱动（图 1-21）

主从节点之间以电压的高低变化表示数据信息的含义（逻辑数据"0"和"1"）。LIN 总线的电压范围为 0~12V。

4. 低速传输（图 1-22）

LIN 网络的传输速率接近 20kbit/s，相对 CAN 网络而言属于低速传输，因此 LIN 网络并不适用于高速率的系统控制（如发动机控制）。

5. 低容错

LIN 网络出现以下故障时无容错能力：

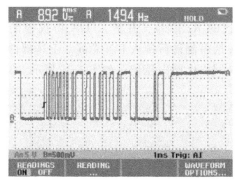

图 1-21 偏压驱动

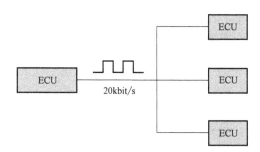

图 1-22 低速传输

1) 总线搭铁（图 1-23）。
2) 总线断路。
3) 主节点故障。如果从节点损坏或其支路断路（图 1-24），则其他从节点与主节点的通信不受影响。

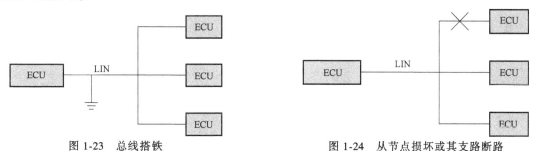

图 1-23 总线搭铁　　　　　　　　　　　　图 1-24 从节点损坏或其支路断路

二、LIN 结构和传输原理

LIN 协议在同一总线上的最大节点数量为 16，系统中两个控制单元之间的最大距离为 40m。

1. 传输媒介

传输媒介即 LIN 信号传输的物质载体或者非物质载体，它在 LIN 标准中并没有强制规定。LIN 网络一般使用一根单独的铜线作为传输媒介。

2. 节点结构

一个 LIN 电控单元拥有一个统一的接口（LIN 标准），以便与其他 LIN 电控单元协同处理信息数据。这种标准接口需要满足严格的成本要求，因此必须在现有微控制器中使用标准单位：UART。这种接口主要由两部分组成，即协议控制器和线路接口，如图 1-25 所示。

（1）协议控制器（CP-LIN）

LIN 协议控制器集成在微控制器中的一个标准单位（UART）上。微控制器用软件管理 LIN 协议，实现以下功能：

1) 发送/接收 8 位的字节。
2) 构成请求帧，接收回应帧。
3) 发送帧。

（2）线路接口

线路接口负责将 LIN 总线的信号翻译成无干扰的 Rx 信号，并传入 LIN 协议控制器（CP-LIN），同时将 LIN 协议控制器（CP-LIN）的 Tx 信号翻译后传入 LIN 总线。上述部件有两个重要作用，即翻译和保护。示波器上看到的 LIN 网络电路电压记录如图 1-26 所示。

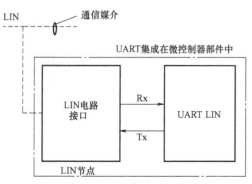

图 1-25　LIN 节点的连接状况

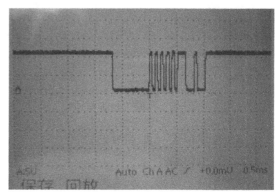

图 1-26　LIN 数据波形图

3. 帧结构

一个 LIN 帧由分隔开的一系列字节组成，如图 1-27 所示：

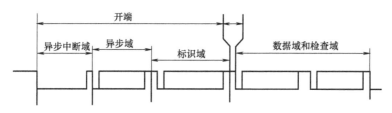

图 1-27　LIN 帧的具体结构

1）异步中断域标志着 LIN 帧的开始。它通过 LIN 网络的主节点发出，并支持所有 LIN 节点自动适应总线的速度。

2）异步域使所有总线上的 LIN 节点异步。

3）标识域 IDEN 可标识 64 个节点。它指明数据的目的地或者所询问目标节点的地址。

4）数据域由 1~8 字节构成，包含了有用的命令或回应信息。

5）检查域由 1 字节构成，以保证 LIN 帧内容的完整性。

4. 传输模式

一个 LIN 电控单元所使用的传输方式与 CAN 网络电控单元所使用的传输方式相同，都包括以下三种：

1）定时传输模式。

2）事件传输模式。

3）混合传输模式，即定时传输模式和事件传输模式相混合。

从电控单元到执行器的传输方式，如图 1-28、图 1-29、图 1-30 所示。

5. 进入传输媒介

LIN 电控单元进入传输媒介有随机方式和异步方式两种。简单地说，这表明进入可根据

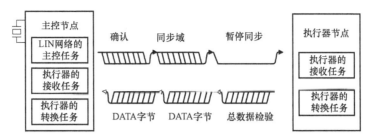

图 1-28 LIN 网络传输——DATA 数据从主控制器到执行器（单个）

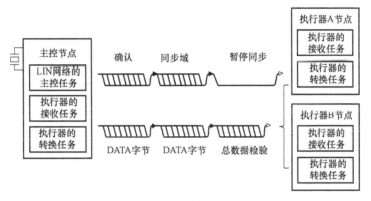

图 1-29 LIN 网络传输——DATA 数据从主控制器到执行器（多个）

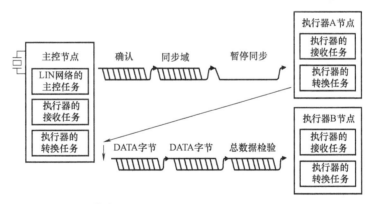

图 1-30 LIN 网络交流——DATA 数据从执行器（多个）到主控制器

需要和执行本地命令而随时进行。LIN 节点不可能根据本地命令进入 LIN 网络。为达成连接，它们必须事先获得 LIN 主节点的邀请，这需要通过一个中介实现。

（1）服务

LIN 电控单元有三项通信服务：

1) 发散模式的数据写入（一个制造者向多个使用者发出数据）。

2) 数据请求（一个使用者向制造者的数据请求）。

3) 即时回应（立即回复一个请求）。

这些服务允许单一总线/多支线策略（发散和请求/回复）的使用。

（2）LIN 网络节点地址识别

数据帧结构中，标识域指明了数据的目的地或者所询问目标节点的地址。通过标识域，主模块可方便地与从模块通信。

三、LIN 网络结构

1. 节点结构

一组 LIN 网络由一个主节点和多个（或单个）从节点组成，这些节点均通过单线路连接在 LIN 总线上。主节点具有类似的硬件结构。图 1-31 所示为主节点和从节点的结构。两者的结构类似，区别在于从节点没有主节点的功能。

2. 节点物理接口

主节点和从节点的物理接口结构类似，如图 1-32 所示。

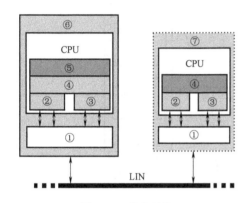

图 1-31 节点结构
①—物理接口 ②—硬件 SCI ③—软件 SCI
④—从节点功能 ⑤—主节点功能
⑥—主节点 ⑦—从节点

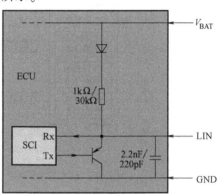

图 1-32 节点物理接口

1）LIN 总线通过上拉电阻与电源线（V_{BAT}）连接，电源线连接外部电源。
2）上拉电阻为 1kΩ（主节点）或 30kΩ（从节点）。
3）与上拉电阻串联的二极管可防止电源电压下降时 LIN 总线消耗电能。
4）GND 为信号发送提供搭铁回路。
5）LIN 总线与搭铁之间的电容可消除 LIN 信号波动，电容容量为 2.2nF（主节点）或 220pF（从节点）。

四、LIN 网络信号传输

采用主从结构的 LIN 网络，主节点用于控制 LIN 总线，它通过对从节点进行查询来将数据发布到总线上。从节点仅在主节点命令下发送数据，从而在无需仲裁的情况下实现双向通信。

因为节点物理结构类似，所以主节点和从节点的信号收发控制原理是一样的。下面从主节点的角度说明信号的发送和接收过程。

1. 信号发送

串行通信接口（SCI）通过 Tx 控制晶体管，使 V_{BAT} 与 GND 通过上拉电阻接通，LIN 总线形成了搭铁效果。此时LIN总线为低电平（0V），如图1-33所示。当SCI不可控制晶体管时，晶体管处于截止状态。此时LIN总线为高电平，如图1-34所示。

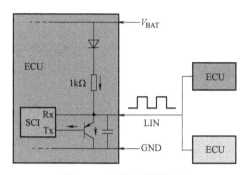

图1-33 信号发送低电平

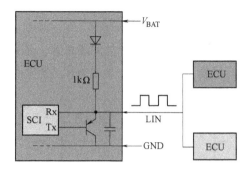

图1-34 信号发送高电平

2. 信号接收

从节点中的SCI在接通与断开内部晶体管的过程中，总线上会产生高低电平的变化。主节点的Rx线可接收这一变化的电平，从而判断其含义。提示：如果LIN总线处于待用状态一定时间，则从节点会转为睡眠模式，以降低功耗，如图1-35所示。

五、LIN网络数据结构

一个LIN网络的数据帧是由一个数据标题（Message Header）和一个数据响应（Message Response）组成的，如图1-36所示。

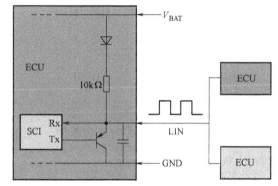

图1-35 信号接收

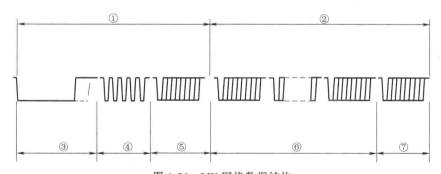

图1-36 LIN网络数据结构

①—数据标题 ②—数据响应 ③—同步间隔区 ④—同步区 ⑤—标识符区 ⑥—数据区 ⑦—校验和区

1. 数据标题

数据标题包括一个同步间隔区（Synch Break Field）、一个同步区（Synch Field）和一个标识符区。

（1）同步间隔区（图1-37）

同步间隔区由间隔和同步定界符组成。间隔用于唤醒处于睡眠模式的从节点。它是一个

持续 T_{SYNBRK}（显性电平持续时间）或更长时间（即最小是 T_{SYNBRK}，不需要很严格）的显性总线电平。同步定界符是最少持续 T_{SYNDEL}（隐性电平持续时间）时间的隐性电平，用来检测下一个同步区的起始位。

（2）同步区（图 1-38）

同步区包含了时钟的同步信息，帮助从节点与主节点的时钟频率同步，以正确接收所发送的信息。同步区由 1 个起始位、8 个同步位和 1 个结束位组成。

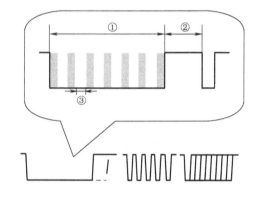

图 1-37 同步间隔区
①—间隔 ②—同步定界符 ③—位时间

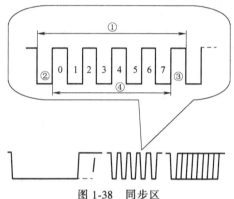

图 1-38 同步区
①—同步区 ②—起始位 ③—结束位 ④—同步位

（3）标识符区（图 1-39）

标识符区定义了数据的内容和长度，其内容由 6 个标识符位（ID0~ID5）和 2 个奇偶检验位（P0、P1）组成。

1）ID0~ID3 定义了数据的类型、发送的目标节点等信息。

2）ID4 和 ID5 定义了数据区数量（即数据长度）。

3）P0 和 P1 用于检验 ID0~ID5 的正确性（不能全部为隐性或显性数据）。

2. 数据响应

数据响应由多个数据区（Data Field）和一个校验和区（Checksum Field）组成，数据区由间隔字节区组成。根据应用，如果信息与节点无关（如不知道标识符或标识符错误），则数据的响应区可以不处理。在这种情况下，校验和的计算可以忽略。

（1）数据区（图 1-40）

数据区定义了数据的含义，如驱动指令等。数据长度可为 2~8 个字节，在发送数据信息时，最不重要的字节先发送。每个字节由 8 位二进制数组成，传输由 LSB 开始。

（2）校验和区（图 1-41）

校验和区是数据区所有字节的和的补码，使从节点可检查所收到的信息是否正确传送，或者在传送期间是否可能发生干扰，进而破坏数据。如果信息在从主节点到从节点传送期间发生错误，即从节点计算的校验和不一致，则从节点会清除信息，并等待主节点发送下一条信息。

3. 数据的检测

当主节点发出信号时，数据帧定义了数据发给哪个从节点，而且只有此目标节点能对该

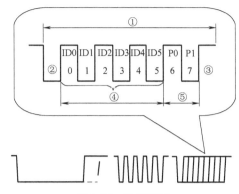

图 1-39 标识符区
①—标识符区 ②—起始位 ③—结束位
④—标识符位 ⑤—奇偶检验位

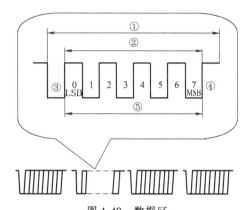

图 1-40 数据区
①—数据区 ②—字节区 ③—起始位
④—结束位 ⑤—8位二进制数

数据做出响应。由于没有仲裁过程,如果多于一个从节点回应,则将产生错误。从节点不会对已经正确接收的信息发送确认。

主节点重新读取 LIN 总线上发送的信息,并将重新读取的信息与先前发送的信息比较。如果所发送信息和检测的信息相同,则主节点会预先假定从节点已经正确接收信息。

六、LIN 的应用

LIN 网络主要用来控制车身的附件系统。在五菱车型中,宝骏 730 的防盗模块与车身控制模块(BCM)的通信,以及宝骏乐驰和宝骏 730 的电动车窗,均使用了 LIN 网络。

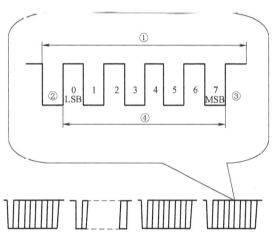

图 1-41 校验和区
①—校验和区 ②—起始位 ③—结束位 ④—8位校验和位

虽然两者使用的都是 LIN 网络,但由于用途不一样,对于从模块的地址识别是有区别的。

宝骏 730 的防盗模块与 BCM 的通信,因为只有一个从模块,即防盗模块,所以防盗模块可以自带一定特征,符合主模块 BCM 的要求。即使更换新防盗模块,BCM 也能根据预先的设计,立即识别出防盗模块,即在 BCM 发送给防盗模块的数据帧中,标识符区内的数据是不变的,而且防盗模块内的地址信息也是不变的。

宝骏乐驰和宝骏 730 的电动车窗控制,LIN 信号的标识符区防盗模块和 BCM 的通信标识符区不同,它不会指明数据的目的地,只能询问目标节点的地址,需由每个从模块确定自身的地址,才具有更普遍的应用意义。

1. 宝骏乐驰 LIN 网络通信特点

图 1-42 所示为定骏乐驰电动车窗 LIN 网络原理,图 1-43 所示为宝骏乐驰电动车窗及电

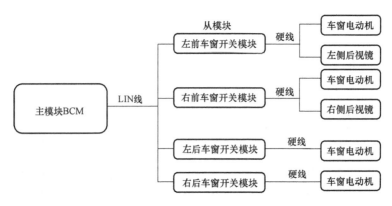

图 1-42 宝骏乐驰电动车窗 LIN 网络原理

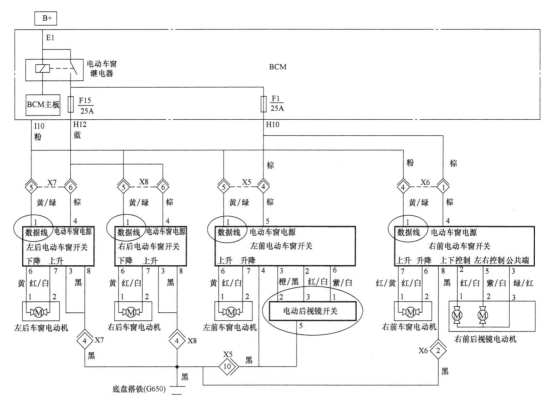

图 1-43 宝骏乐驰电动车窗及电动后视镜电路

动后视镜电路,通过电路中的外围电路特征来确定节点的地址。

表 1-1 列出的每个从模块开关的 5、2、3 号针脚电压的逻辑关系,确定了其本身处于哪个位置。主模块 BCM 根据主控开关的信号决定发送哪个地址信息指令,以广播的形式来通知相应的节点工作。其他三个开关可以对调。

这也进一步说明了 LIN 数据帧中标识符区的"询问目标节点地址"特征。车窗开关不用预先设计地址,可依靠自身外围电路来确定,即使开关损坏后换新,其地址也不会改变。

表 1-1 从模块开关的 5、2、3 号针脚电压的逻辑关系

车窗开关针脚	右前车窗开关				右后车窗开关	左后车窗开关
5 号	0V	0V	0V	12V	0V	0V
2 号	0V	12V	0V	12V	0V	5V
3 号	0V	0V	12V	12V	5V	0V

2. 宝骏 730 LIN 网络通信特点

（1）宝骏 730 电动车窗

五菱宏光 S1、宝骏 730 的电动车窗控制采用 LIN 总线通信。左前车窗开关是主模块，其他三个车窗开关为从模块。对于高配车型，左前门带有防夹功能，RPO 代码为 ABZ 的，左前车窗电动机也是一个从模块。

因为右前、右后和左后车窗开关配件相同，可以互换，所以每个车窗开关必须能识别所对应的车门，如图 1-44 所示。通过车窗开关的 2、3 号针脚电压组合成的逻辑关系来识别自身安装位置，2、3 号针脚在开关内部是一个上拉电阻，其电压为 5V，如图 1-45 所示。图 1-46 所示是宝骏 730 的电动车窗 LIN 网络原理，图 1-47、图 1-48 所示为宝骏 730 电动车窗电路。

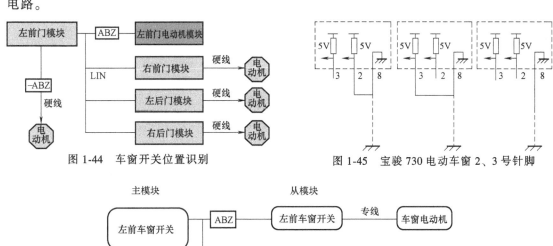

图 1-44 车窗开关位置识别　　图 1-45 宝骏 730 电动车窗 2、3 号针脚

图 1-46 宝骏 730 电动车窗 LIN 网络原理

与宝骏乐驰相同，宝骏 730 车窗各开关通过 2、3 号针脚电压来确定各自的地址，见表 1-2。与宝骏乐驰一样，宝骏 730 右前、左后和右后车窗开关可以互换。

（2）宝骏 730 其他系统（图 1-49）

1）防盗天线与 BCM 采用 LIN 总线通信，BCM 是主模块、防盗天线是从模块。

2）天窗模块与 BCM 采用 LIN 总线通信。

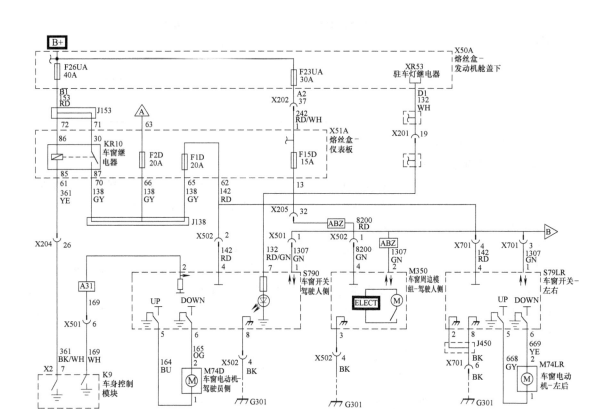

图 1-47 宝骏 730 电动车窗电路（一）

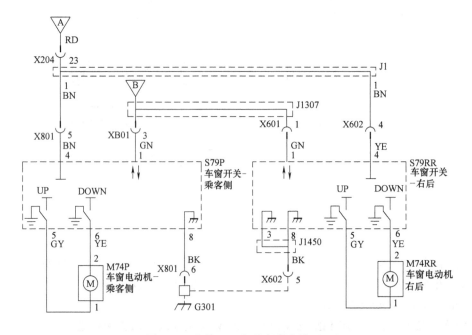

图 1-48 宝骏 730 电动车窗电路（二）

表 1-2 模块开关的 2、3 号针脚电压逻辑关系

车窗开关针脚	右前车窗开关	右后车窗开关	左后车窗开关
2 号	5V	5V	0V	0V
3 号	5V	0V	0V	5V

3）雨量、光线传感器与 BCM 采用 LIN 总线通信，BCM 是主模块，其他为从模块。

4）后空调开关与空调控制器采用 LIN 总线通信。空调控制器是主模块，后空调开关为从模块。

（3）宝骏 730 防盗天线（图 1-50）

防盗天线与 BCM 采用 LIN 总线通信，BCM 是主模块，防盗天线是从模块。

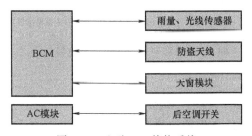

图 1-49 宝骏 730 其他系统

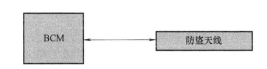

图 1-50 宝骏 730 防盗天线

七、LIN 总线故障诊断

1. 宝骏乐驰 LIN 网络通信故障诊断与维修

LIN 总线在宝骏乐驰上没有自诊断功能，因此不能通过诊断仪进行网络诊断。下面以宝骏乐驰为例来讨论 LIN 网络故障。LIN 数据导线引起的故障有对负极短路、对正极短路及断路。

（1）LIN 总线对负极短路

LIN 总线对负极短路使其无法传输信息数据，因此通过 LIN 网络传递的控制指令都无法实现，如图 1-51 所示。但由于各从模块的控制电动机与 LIN 网络无关，即使 LIN 总线出现故障，从模块也能自主控制，如图 1-52 所示。

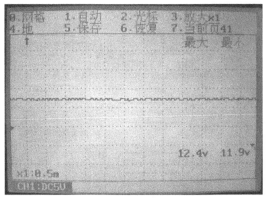

图 1-51 LIN 总线对负极短路数据波形

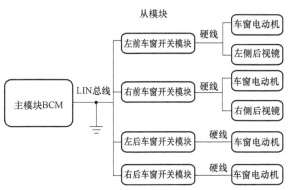

图 1-52 LIN 总线对负极短路控制结构

（2）LIN 总线对正极短路

LIN 总线对正极短路，故障现象与 LIN 总线对搭铁短路一致，如图 1-53、图 1-54 所示。

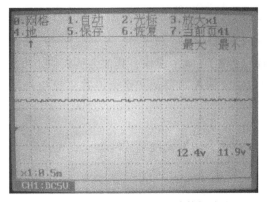

图 1-53　LIN 总线对正极短路数据波形

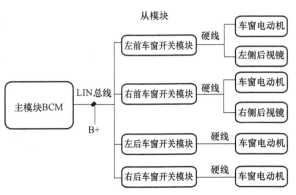

图 1-54　LIN 总线对正极短路控制结构

（3）LIN 总线断路

1）LIN 总线在 BCM 和从模块干路处断路。如果 LIN 总线在 BCM 和从模块干路处断路，则 BCM 不能命令和监控所有从模块的状态，主从模块信息传输介质断路，无法进行信息传递，故障现象与 LIN 总线对搭铁短路或对电源短路相同，如图 1-55、图 1-56 所示。

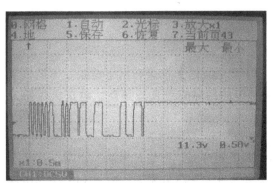

图 1-55　LIN 总线在 BCM 和从
模块干路处断路数据波形

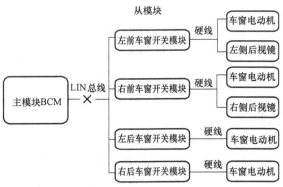

图 1-56　LIN 总线在 BCM 和从
模块干路处断路控制结构

2）LIN 总线在支路处断路。如果 LIN 总线在从模块支路处断路，则该支路的从模块将不受 BCM 监控和指令，而其他从模块不受影响，如图 1-57 所示。

在宝骏乐驰的 LIN 总线中，LIN 数据导线易出现磨穿绝缘层、电线折断或插头接触故障等情况，此类故障可通过万用表进行电阻或电压测量来诊断。检查模块时可根据模

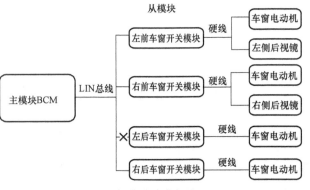

图 1-57　LIN 总线在支路处断路控制结构

块控制逻辑进行诊断。模块工作要有电源和搭铁,在检查确认外围电路无故障后,才可确定模块故障。

2. 宝骏 730 LIN 网络通信故障诊断与维修

目前还不能利用诊断仪对 LIN 总线故障进行检测,因此在诊断 LIN 网络故障时,首先要认清故障现象,然后根据系统原理结合电路图对故障点进行检查。下面以宝骏 730 的电动车窗为例来讨论 LIN 网络故障对车窗控制的影响。LIN 数据导线引起的故障主要有:

1)左前车门主模块不能控制其他某一个车门的电动窗。
2)左前车门主模块不能控制其他三个车门的电动窗。
3)左前车门主模块在控制其他某一个车门时,两个车门的电动窗同时升降。

(1)左前车门主模块不能控制其他某一个车门的电动窗

1)故障原因。
① LIN 总线在从模块附近断路。
② 从模块及其电路故障。

2)检查诊断。如果 LIN 总线在从模块附近断路,则该支路的从模块将不受主模块监控和指令,而其他从模块不受影响。

首先,利用从模块上的背景灯来判断故障是否与 LIN 总线有关,因为从模块背景灯的控制信号也是由主模块通过 LIN 总线发送的。打开小灯,如果从模块的背景灯能点亮,则说明 LIN 总线正常;如果不能点亮,则说明 LIN 总线可能存在故障。

其次,在不拔插头的情况下,在从模块插头位置测量 LIN 总线电压。LIN 总线正常通信时,其信号电压一般为 9V 左右。如果此时测量的电压为 12V 左右,则说明 LIN 总线在从模块附近断路。因为当 LIN 总线断路时,从模块会发出一个 12V 左右的高电压。继续沿 LIN 总线测量,如果前一个点电压为 9V,而该点后面的电压为 12V,则说明这两个点之间的电路存在断路故障。如果从模块插头位置测量的 LIN 总线电压为 9V,则说明 LIN 总线正常,需要对从模块及其电源和搭铁电路进行检查。如果电源和搭铁正常,则更换从模块,如图 1-58 所示。

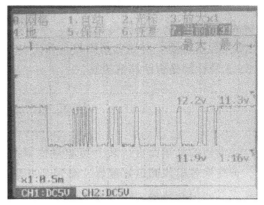

图 1-58 车窗开关位置识别

(2)左前车门主模块不能控制其他三个车门的电动窗

对于左前车门带防夹功能的车型,如果 LIN 总线故障,则左前车门主模块不仅无法控制其他三个车门的电动窗,还不能控制本车门电动窗。因为带防夹功能的车型左前车门主模块要通过 LIN 总线控制本车门窗电动机。

1)故障原因。
① LIN 总线对搭铁或者对电源短路。
② LIN 总线在左前车门主模块附近断路。
③ 左前车门主模块故障。
④ 其他三个车门从模块故障。

2）检查诊断。LIN 总线对搭铁或者对电源短路使其无法传输信息数据，导致网络瘫痪。因此通过 LIN 网络传递的控制指令都无法实现，左前车门开关不能控制其余任何一个车门的电动窗。但由于各从模块的控制电动机与 LIN 网络无关，即使 LIN 总线出现故障，从模块也能自主控制。

如果 LIN 总线在主模块附近断路，则主模块不能命令和监控所有从模块的状态。主从模块信息传输介质断路，无法进行信息传输，故障现象与 LIN 总线对搭铁或对电源短路相同。

首先，利用从模块上的背景灯来判断故障是否与 LIN 总线有关，因为从模块背景灯的控制信号也是由主模块通过 LIN 总线发送的。打开小灯，如果从模块的背景灯能点亮，则说明 LIN 总线正常；如果不能点亮，则说明 LIN 总线可能存在故障。

其次，在不拔下插头的情况下，在左前车门 A 柱线束插接器位置测量 LIN 总线电压：

① 如果此时测量的电压与蓄电池电压一致，则说明 LIN 总线对电源短路。
② 如果测量的电压为 0V，则说明 LIN 总线对搭铁短路。
③ 如果测量的电压在 12V 左右，略低于蓄电池电压，则说明 LIN 总线在左前车门内断路。
④ 如果电压为 9V，则说明左前车门内部到该点之间的 LIN 总线正常，需要继续沿 LIN 总线向后测量。如果前一个点电压为 9V，而该点后面的电压为 12V，则说明这两个点之间的电路存在断路故障。

对于短路故障，可以采用隔离法，如断开每个车门的插头，观察 LIN 总线电压是否恢复正常。如果恢复正常，则说明车门内从模块及其电路可能存在短路故障。

(3) 左前车门主模块在控制其他某一个车门时，两个车门的电动窗同时升降

1）故障原因。从模块通过其插头的 2、3 号针脚电压组合成的逻辑关系来识别自身安装位置，因此当插头针脚电路位置安装错误、电路断路或者短路时，会出现这一故障。

2）检查诊断。对照电路图检查相关从模块的插头 2、3 号针脚位置是否安装错误，检查 2、3 号针脚是否断路或短路。

第四节　CAN 网络通信

对当前的汽车而言，某一功能只依靠某一模块是无法实现的，必须多模块配合才能实现。为确保各模块间良好配合，必须要共享或交换数据。各控制模块间通过两条 CAN 数据线完成双向信息共享。CAN 是 Controller Area Network 的缩写，意为控制单元通过网络交换数据。它是 ISO 的串行通信协议。1986 年，德国博世公司率先开发出面向汽车的 CAN 通信协议。此后，CAN 通过 ISO 11898 及 ISO 11519 进行了标准化，目前在欧洲已成为汽车网络的标准协议。

CAN 的高性能和可靠性已得到广泛认可，并投入市场化应用。五菱 CN113R 和五菱 CN210MR 车载网络主要采用了 CAN 数据总线。

一、CAN 数据总线系统构成

CAN 总线主要负责车辆内的数据交换，即各控制模块之间的信息共享。CAN 网络的数据传输有很多特点，主要包括多主结构、双绞线传输、压差驱动、高速传输和容错特性。

1. 多主结构

CAN 网络采用多主结构通信。总线上各节点之间没有主从之分,任一节点都可向其他节点发送信息。当总线空闲时,所有节点都可开始发送信息,但必须先访问总线。当多个节点同时发送信息时,根据优先权决定发送顺序,如图 1-59 所示。

2. 双绞线传输

CAN 网络采用双绞线作为数据总线,以增加总线的抗干扰能力。两根双绞线分别命名为 CAN H 和 CAN L,它们每相隔 25mm 绞接一次,许用总长度为 30m(25m 接节点,5m 接诊断仪),如图 1-60 所示。

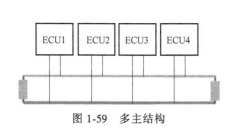

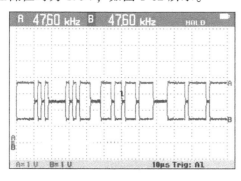

图 1-59 多主结构

图 1-60 双绞线总线

3. 压差驱动

CAN 网络采用电平差的方式识别数字信号,以判断所传输信息的含义。图 1-61 所示为 CAN 总线的电压波形,CAN H 与 CAN L 形成了对称的阵列布置方式。

CAN H 的电压在高位时为 3.5V,在低位时为 2.5V。CAN L 的电压在高位时为 2.5V,在低位时为 1.5V,如图 1-62 所示。

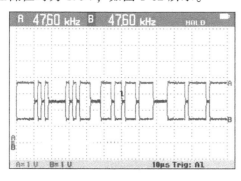

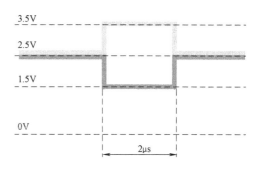

图 1-61 CAN 总线的电压波形

图 1-62 CAN 信号电压

4. 容错特性

当 CAN 总线或节点出现故障时,网络依然具有一定的信号传输能力。当节点出现严重故障时,可以自动关闭输出功能,使总线上其他节点的操作不受影响。当总线出现故障时,表现因严重程度而异,轻则不影响信号传输,重则网络瘫痪,如图 1-63 所示。

二、CAN 硬件组成

CAN 网络的硬件结构,主要涉及总线与节点,本节将分别介绍节点在总线上的连接特点和节点的结构组成，并重点介绍节点的 CAN 收发器结构特点。

1. 节点连接

每一个节点都通过 CAN H 与 CAN L 两根线连接在总线上，因此这些节点间属于并联关系。依据 CAN 总线的铰接点位置不同，将网络拓扑结构分为网状、星形、树形、总线（BUS）型和环形，如图 1-64 所示。

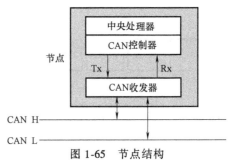

图 1-63 数据传输终端

2. 节点结构

不管节点是否带有终端电阻，均包含 CAN 收发器、CAN 控制器和中央处理器等组成元件，如图 1-65 所示。

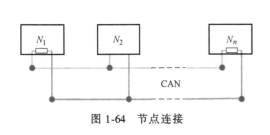

图 1-64 节点连接　　　　图 1-65 节点结构

3. CAN 控制器和 CAN 收发器

（1）CAN 控制器

CAN 控制器有 28 个针脚，主要实现两部分功能：数据链路层的全部功能，物理层的定位功能。CAN 控制器是在一块可编程芯片上通过逻辑电路组合而成的。它具有与单片微处理器连接的接口，可由微处理器进行编程，以对其工作方式进行设置，控制其工作状态，进行数据的发送和接收，如图 1-66 所示。

（2）CAN 收发器

CAN 收发器有 8 个针脚，主要实现以下功能：将"0"或"1"逻辑信号转换为规定的电平，并向 CAN 总线输出；将 CAN 总线电压转换为"0"或"1"逻辑信号，并向 CAN 控制器反馈，如图 1-67 所示。

图 1-66 CAN 控制器　　　　图 1-67 CAN 收发器

4. 终端电阻

CAN 总线的 CAN H 和 CAN L 电路端（或节点内）均以终端电阻连接，终端电阻阻值为

120Ω。终端电阻的作用是消除电压信号在电路上出现的回流现象，以保证总线上数据的准确性。终端电阻也为 CAN 总线的故障诊断提供了参考，如图 1-68 所示。

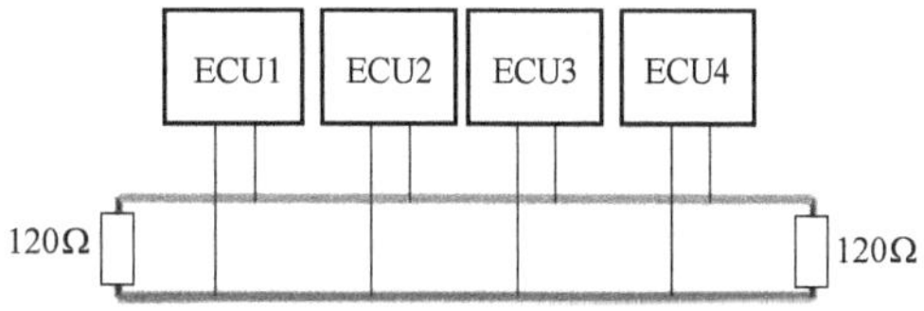

图 1-68 数据传输终端电阻

5. 中央处理器

由集成电路组成的中央处理器是节点的核心元件，主要用于执行控制部件和算术逻辑部件的功能，如图 1-69 所示。

三、CAN 数据传输原理

CAN 网络上的节点会根据工作需要访问总线。因为 CAN 网络为多主结构，所以各节点既可以发送信号，也可以接收信号。无论是发送信号还是接收信号，均需要通过 CAN 收发器和 CAN 控制器完成，下面以示意图的方式，说明 CAN 网络的信号发送和接收过程。

1. 信号发送

中央处理器将需要传输的信息发送给 CAN 控制器，CAN 控制器以数字信号的形式驱动收发器电路，如图 1-70 所示。收发器中的驱动器向 CAN 总线发出模拟电压信号：CAN H 为 2.5~3.5V，CAN L 为 1.5~2.5V。

图 1-69 中央处理器

2. 信号接收

节点需要从总线上采集信号时，差动放大器对 CAN H 与 CAN L 的电压值进行差动处理，并将结果发送给 CAN 控制器。CAN 控制器依据数字信号识别原则，得到以"0"或"1"表示的数字结果，如图 1-71 所示。CAN 总线在极短的时间内，在各控制单元间传输数据。该数据由多位构成，位数的多少由数据帧的大小决定。

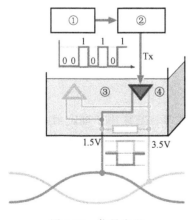

图 1-70 信号发送
①—中央处理器 ②—CAN 控制器
③—CAN 收发器 ④—驱动器

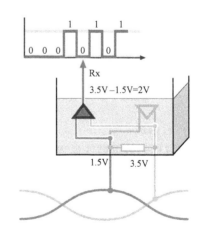

图 1-71 信号接收

四、CAN 总线传输的数据类型

CAN 总线传输的数据包括数据帧、远程帧、错误帧、过载帧和帧间隔五种。
1) 数据帧：用于将数据传输到其他节点。
2) 远程帧：用于从其他节点请求数据。
3) 错误帧：用于通知错误信号。
4) 过载帧：用于增加后继帧的等待时间。
5) 帧间隔：用于将数据帧及远程帧与前面的帧分离。

下面通过数据帧和远程帧的工作过程来阐述 CAN 总线传输的具体工作原理。

1. 数据帧

数据帧的功能是将数据从发送器传输到接收器。数据帧由 7 个不同的域组成：起始域、仲裁域、控制域、数据域、安全域、应答域和结束域，分别如图 1-72 和图 1-73 所示（图中数字的单位为"位"，后同）。

图 1-72 数据帧组成

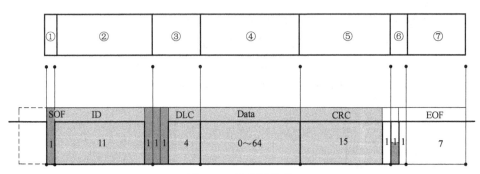

图 1-73 数据帧结构

①—起始域 ②—仲裁域 ③—控制域 ④—数据域 ⑤—安全域 ⑥—应答域 ⑦—结束域

（1）起始域

起始域标志数据帧或远程帧的起始，包含 1 个显性位。此外，它还用于确定与其他节点硬件的同步。在 CAN 总线上，逻辑值"0"表示显性电平，逻辑值"1"表示隐性电平。

1) "显性"具有优先功能，只要有一个节点输出显性电平，CAN 总线上即为显性电平。
2) "隐性"具有包容功能，只有所有单元都输出隐性电平，CAN 总线上才为隐性电平。

（2）仲裁域

1) 仲裁原理。仲裁指总线访问权在各节点上的分配。多主系统中采用的访问，方式为 CSMA/CD（具有冲突检测功能的载波侦听多路访问，是一种争用型介质访问控制协议）。在使用这种方式的情况下，每个节点都具有同等的权力，并能在 CAN 总线空载时访问 CAN 总线。在传统的 CSMA/CD 方式中,将要传输数据的节点必须先检查 CAN 总线是否正在进行数据传输。一旦检查到 CAN 总线空载,该节点就将开始传输数据,并监控其已经写入 CAN 总线的数据。也就是说,该节点既是发送器,又是接收器。如果另一节点同时开始传输数据,则两种数据将在 CAN 总线上彼此覆盖。此时两节点会识别出数据传输不正确,均立即停止传输数据。经过任意确定的延迟时间后,两者将再次尝试。首先再次尝试的节点将访问 CAN 总线,另一个节点必须等待,直至 CAN 总线再次空载为止。

在使用这种方式的情况下,每次检测到传输冲突时,都会损失一定的时间。利用 CSMA/CA(具有冲突避免功能的载波侦听多路访问)方式,CAN 总线可确定优先顺序。该方式可实现仲裁,而不损耗时间。通过应用传输系统的显性/隐性特点,在发生冲突时,可实现显性状态胜过隐性状态,从而取得优先权。

CAN 总线中的显性状态在逻辑学上确定为"0",而在物理学上则被赋予两种可能值("0"或"1")。仲裁如下:一旦两节点同时访问 CAN 总线并开始数据传输,总线上的数据就将被监控。当两节点写入相同数据时,这些数据将彼此覆盖,而不区分写入数据和被监控数据。当其中一个节点写入了与另一节点不同的数据时,将通过 CAN 总线信号来识别。即当一个节点传输了一个隐性数据,另一个节点传输了一个显性数据时,将在 CAN 总线上修改隐性数据。

已经传输了隐性数据的节点将识别到另一个节点已经用显性数据修改了其隐性数据,因此将停止数据传输,另一个节点继续传输帧。片刻后,被迫停止数据传输的节点将开始再次尝试传输数据。

图 1-74 所示为两节点之间进行仲裁的数列。节点 1 开始传输以"0101011…"为起始的帧。节点 2 发送"0101010…"。本例中,节点 2 在仲裁中胜出,因为在位 7 的位置上,它发送了一个显性位,而节点 1 则发送了一个隐性位。后者被前者修改。

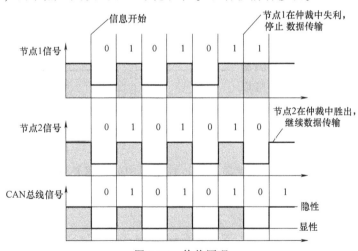

图 1-74 仲裁原理

注意:较低的二进制值代表较高的优先级。

2)仲裁域特点。仲裁域包括 11 位,表示数据的优先级。

显性值"0"的优先级比隐性值"1"高。例如,与包含发动机冷却液温度信息的数据帧相比,一个包含车辆打滑信息的数据帧通常具有更低的优先级。仲裁域的末端是远程传输请求（RTR）位，通常为显性，如图1-75所示。

在CAN总线空闲状态，最先开始发送信息的节点获得发送权。当同时有两个以上节点需要向CAN总线发送信息时，依靠仲裁域决定优先级。从第一位开始进行仲裁，连续输出显性电平最多的节点可继续发送。如图1-76所示，节点1在与节点2的仲裁中失利，退出发送。

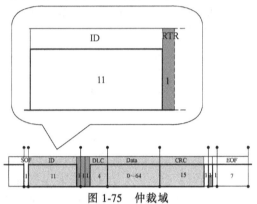

图1-75 仲裁域

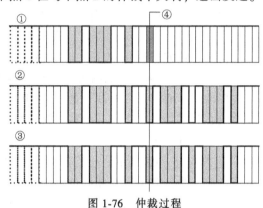

图1-76 仲裁过程

①—节点1 ②—节点2 ③—总线电压 ④—仲裁失败

（3）控制域

控制域表示数据段的字节数，由6位构成。前2位为保留区，以备将来应用，其为显性；后4位为数据长度码（DLC），包括随后的数据域中字节的数量，值为0~8，如图1-77所示，数据长度码的表示形式见表1-3。

（4）数据域

数据域由数据帧发送的数据组成，数据从最高位开始输出，可以为0~8字节，每字节包含8位（最大为64位）。该数据既可以代表实际的数据，也可以代表一个数据请求。如果是数据请求，则没有数据字节随从，控制域中的数据长度码就不会与数据字节有直接关系。以表达节气门开度信号为例，系统可以用2位表示4个节气门开度，见表1-4。用3位表示8个节气门开度，见表1-5。

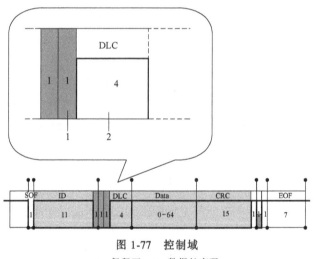

图1-77 控制域

1—保留区 2—数据长度码

表1-3 数据长度码的表示形式

数据长度（字节）	数据长度码				数据长度（字节）	数据长度码			
	DLC3	DLC2	DLC1	DLC0		DLC3	DLC2	DLC1	DLC0
0	0	0	0	0	5	0	1	0	1
1	0	0	0	1	6	0	1	1	0
2	0	0	1	0	7	0	1	1	1
3	0	0	1	1	8	1	0	0	0
4	0	1	0	0					

表 1-4　2 位表示的节气门开度

节气门开度	数据域码		节气门开度	数据域码	
	DLC1	DLC2		DLC1	DLC2
0.1°	0	0	0.3°	1	0
0.2°	0	1	0.4°	1	1

表 1-5　3 位表示的节气门开度

节气门开度	数据域码			节气门开度	数据域码		
	DLC2	DLC1	DLC0		DLC2	DLC1	DLC0
0.1°	0	0	0	0.5°	1	0	0
0.2°	0	0	1	0.6°	1	0	1
0.3°	0	1	0	0.7°	1	1	0
0.4°	0	1	1	0.8°	1	1	1

同理，可用 8 位二进制数表示 256 个节气门开度。如果 1 字节不够表示，则可以用 2 字节或多字节表示，但不超过 8 字节。

（5）安全域

检测传递数据中的错误。CAN 总线用于电噪声很大的环境时，数据最容易丢失或破坏。CAN 协议提供了五种错误检测和修正方法。如果数据被破坏，则 CAN 协议可对其进行识别，使网络中所有电控单元忽略该数据。上述五种错误检测类型分别为位错误、填充错误、CRC（循环冗余校验）错误、形式错误和应答错误。

1）位错误。各控制单元在发送位的同时也对 CAN 总线进行监视。如果所发送的位值与所监视的位值不相符，则在此位时间里检测到 1 位错误。但是在仲裁域的填充位流期间或应答间隙发送一"隐性"位的情况下是例外的。此时，当检测到一"显性"位时，不会发出位错误。当发送器发送一个被动错误标志但检测到"显性"位时，也不视为位错误。

2）填充错误。如果在使用位填充法进行编码的信息中出现了第 6 个连续相同的位电平，则检测到一个填充错误。

3）CRC 错误。CRC 序列包括发送器的 CRC 计算结果，接收器计算 CRC 的方法与发送器相同。如果接收器的计算结果与接收到 CRC 序列的结果不相符，则检测到一个 CRC 错误。

4）形式错误。当一个固定形式的域含有 1 个或多个非法位时，则检测到一个形式错误。

5）应答错误。只要在应答间隙期间所监视的位不为"显性"，发送器就会检测到一个应答错误。

（6）应答域

在应答域中，接收器通知发送器已经接收到数据。如果检测到错误，则接收器立即通知发送器，然后发送器再发送一次数据，直到该数据被准确接收为止，但从检测到错误，再到下一个数据开始传送为止，发送时间最多为 29 位时长。应答域长度为 2 位，包含应答间隙和应答界定符，常态下发送两个"隐性"位。当接收器正确接收到有效的数据时，就会在应答间隙期内向发送器发送一"显性"位以作应答，而应答界定符始终是"隐性"位。

（7）结束域

结束域（EOF）表示数据帧完成，通常包括7位"隐性"位，如图1-78所示。图1-79所示为数据帧的传输原理示意。

2. 远程帧

远程帧的功能是将数据请求从发送器传输到接收器。通过发送远程帧，作为某数据接收器的控制单元会对不同的数据传输进行初始化设置。

远程帧由6个不同的域组成：起始域、仲裁域、控制域、安全域、应答域和结束域。与数据帧相反，远程帧的远程发送请求位（RTR位）是"隐性"的（即"1"）。它没有数据域，数据长度码的数值是部首制约的（可以标注为0~8的任何数值）。其余域功能与数据帧相同。

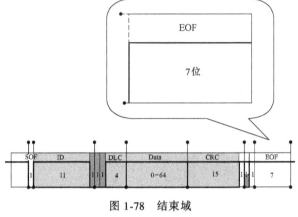

图 1-78 结束域

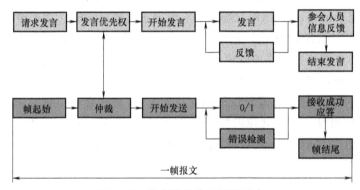

图 1-79 数据帧的传输原理示意

3. 错误帧

错误帧的功能是对所发送的数据进行错误检测、错误标定及错误自检。错误帧由两个不同的域组成：第一个域为不同控制单元提供错误标志的叠加，第二个域是错误界定符。

4. 过载帧

当接收器电路尚未准备好或接收器在间歇域期间检测到一个"显性"位时，会发送过载帧，以延迟数据传输。过载帧包括过载标志和过载界定符两个域。

五、CAN 网络容错特性

CAN网络在总线出现特定故障（断路或短路）的情况下，能继续保持通信能力。当总线出现故障时，节点会识别各种错误，并存储相应的故障码。

下面介绍上汽通用五菱车型的CAN网络在哪些情况下具有容错能力，在哪些情况下会失效。

1. CAN 节点故障

如图1-80所示，当CAN网络上任一节点出现故障时，包括节点自身故障、节点电源或搭铁损坏等，该节点将无法与 CAN 总线上的其他节点进行通信，但其他节点仍可以继续通信，且会存储关于该节点通信丢失的故障码。

2. CAN 支路断路（不带终端电阻）

如图 1-81 所示，若不带终端电阻的节点的支路断路（CAN H 或 CAN L），则此节点无法与其他节点通信，但其他节点间的通信不受影响。

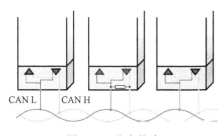

图 1-80 节点故障

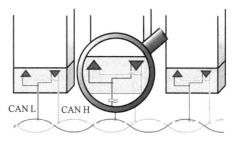

图 1-81 支路断路（不带终端电阻）

3. CAN 支路断路（带终端电阻）

如图 1-82 所示，如果断开 1 个带有终端电阻的节点，则此节点无法与其他节点通信，但其他节点间的通信正常。如果同时断开 2 个带有终端电阻的节点，则所有节点都无法通信。

4. CAN 总线断路

如图 1-83 所示，总线上的 CAN H 或 CAN L 断路，则断路对侧的节点之间无法进行通信。断路同侧的节点之间可以进行通信，但碍于终端电阻的合成作用，此时的通信抗扰度降低。

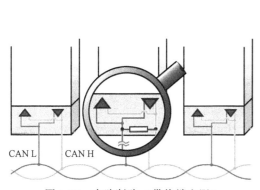

图 1-82 支路断路（带终端电阻）

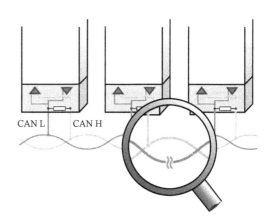

图 1-83 总线断路

5. CAN H 对搭铁短路

如图 1-84 所示，当 CAN H 对搭铁短路时，CAN 总线整体失效，所有节点间不能通信。此时用万用表检测对搭铁电压：CAN L 电压为 0.09V 左右；CAN H 电压为 0V。

6. CAN H 对电源短路

如图 1-85 所示，当 CAN H 对电源短路时，情况因车型和网络组别而不同，有的所有节点通信正常，有的同一组网络节点间都不能通信。此时用万用表检测对电源电压：CAN L

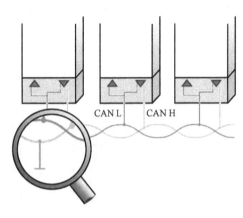

图 1-84 CAN H 对搭铁短路

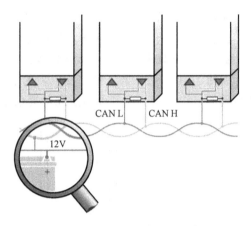

图 1-85 CAN H 对电源短路

电压为 12V 左右；CAN H 电压为 13V 左右。

7. CAN L 对搭铁短路

如图 1-86 所示，当 CAN L 对搭铁短路时，情况因车型和网络组别而不同，有的所有节点通信正常，有的同一组网络节点间都不能通信。此时用万用表检测对搭铁电压：CAN L 电压为 0V 左右；CAN H 电压为 0.09V 左右。

8. CAN L 对电源短路

如图 1-87 所示，当 CAN L 对电源短路时，CAN 总线整体失效，CAN 网络不能工作。此时用万用表检测对电源电压：CAN L 电压为 13V 左右；CAN H 电压为 12V 左右。

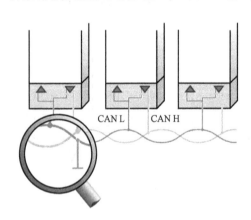

图 1-86 CAN L 对搭铁短路

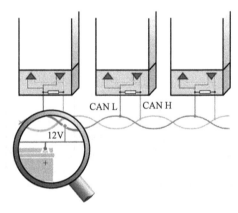

图 1-87 CAN L 对电源短路

9. CAN H 与 CAN L 短路

如图 1-88 所示，当 CAN H 与 CAN L 短路时，CAN 总线整体失效，所有节点间不能通信。此时用万用表检测对搭铁电压：CAN L 电压为 2.5V 左右；CAN H 电压为 2.5V 左右。

10. CAN H 与 CAN L 交错

如图 1-89 所示，当节点的支路 CAN H 与 CAN L 交错时，该节点无法与其他节点通信，其他节点间的通信也会受到影响。此时用万用表检测对搭铁电压：CAN L 电压为 2.5V 左右；CAN H 电压为 2.5V 左右。

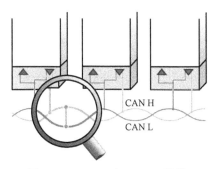

图 1-88　CAN H 与 CAN L 短路

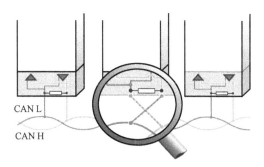

图 1-89　CAN H 与 CAN L 交错

六、CAN 网络应用

1. 宝骏车型 CAN 数据总线特点

宝骏 630 CAN 网络上的节点有发动机控制模块（ECM）、自动变速器控制模块（TCM）、电子制动控制模块（EBCM）、车身控制模块（BCM）和仪表控制模块（IPC），如图 1-90 所示。

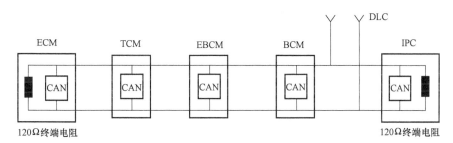

图 1-90　宝骏 630 CAN 网络结构

宝骏 610 在宝骏 630 的基础上，在 BCM 节点后又串入了 EPS（电子助力转向模块）及 TPMS（胎压监测模块）。从外部线束连接来看，宝骏 630/610 以树形连接在一起的，如图 1-91 所示。为便于观察其拓扑结构，图 1-92 所示为简化后的拓扑图。宝骏 630/610 是典型的树形拓扑结构，其终端电阻在 ECM 和 IPC 内。

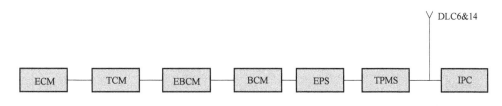

图 1-91　宝骏 610 CAN 网络结构

宝骏 730 模块的外部电路连接方式与宝骏 630/610 不同，其为并行连接。宝骏 730 是典型的 BUS 型拓扑结构，其终端电阻在 ECM 和 BCM 内，如图 1-93 所示。

虽然两种车型 CAN 网络模块的外部线束连接方式不同，但宝骏 630/610 的各模块内部的 CAN 处理器或负责处理 CAN 信号的核心区域之间仍然是并行连接的，这与宝骏 730 在本

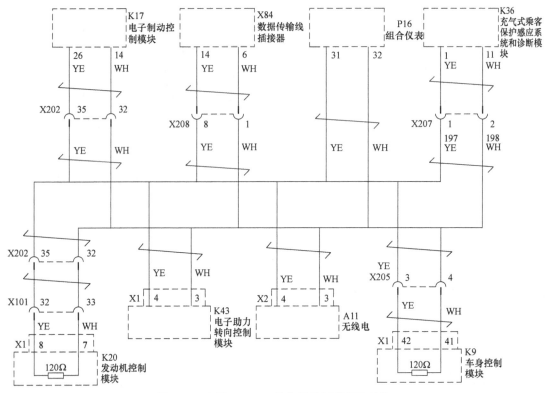

图1-92 宝骏630/610是典型的树形拓扑结构

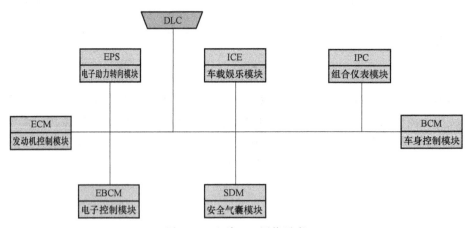

图1-93 宝骏730网络示意

质上是一致的。

2. 宝骏CAN协议主要特征

宝骏630/610的所谓GMLAN总线标准,是一种基于CAN网络的传输速率为500kbit/s的通信标准,见表1-6。

注意:GMLAN是基于CAN协议的更加具体的、具有通用(GM)车型一贯性的通信协议。对于维修人员,可简单地理解为GMLAN等同于CAN。宝骏730的CAN网络协议具有更普遍的意义,与市面上大多数车型的网络相同。

表 1-6 宝骏 GMLAN 总线标准

总 线 协 议	GMLAN/CAN
传输速度	500kbit/s
布线技术	双绞线
终端电阻	120Ω
控制模块的最大数量	16(15+诊断仪)
数据线最大长度	30m(车辆 25m+诊断仪 5m)

3. 宝骏不同车型间的 CAN 网络差异

1）模块的外在线束连接方式不同。宝骏 630/610 是树形连接，宝骏 730/560/510 是 BUS 型连接。

2）终端电阻的位置不同。宝骏 630 是在 ECM 和 IPC 内，宝骏 730/560 是在 ECM 和 BCM 内，宝骏 510 是在 ECM 和 GW（网关）内。

3）唤醒方式不同。

4）容错能力不同。宝骏 730 的容错能力强于宝骏 630，如果 CAN L 对搭铁短路，则宝骏 730 的模块通信正常，而宝骏 630 的全车模块都无法通信。

4. 高速 CAN 线信号特征及原理

高速 CAN 数据绞线传输，允许的最高速度为 500kbit/s。双绞线终端带有两个 120Ω 的电阻器。电阻器用来减小车辆正常操作过程中高速 CAN 总线上的噪声。

高速 CAN 是差动总线。高速 CAN 串行数据总线（+）和高速 CAN 串行数据总线（-）从静止或闲置电平驱动到相反的极限。闲置电平约为 2.5V，为"隐性"传输数据并转换为逻辑"1"。将电路驱动至极限时，高速 CAN 串行数据总线（+）的电压将升高 1V，而高速 CAN 串行数据总线（-）的电压将降低 1V。这种"显性"状态被转换为逻辑"0"。当高速网络有数据交互时，两根数据线以 2.5V 为基准，上下电压差 1V，即一根数据线电压在 2.5~3.5V 间变化，另一根数据线电压在 1.5~2.5V 间变化，如图 1-94 所示。

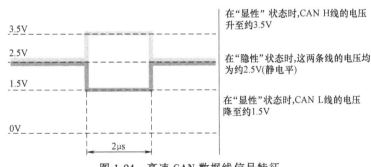

图 1-94 高速 CAN 数据线信号特征

它们之间的电压总是高低对应的。信号的发生原理可简单地理解为当模块激活并发送信号时，"显性"状态晶体管断开，CAN H 信号电压为 3.5V，"隐性"状态晶体管接通，CAN H 信号电压为 2.5V。对应情况下，CAN L 电压为 1.5V 和 2.5V，如图 1-95 所示。

为区别这两根线，将电压信号为 2.5~3.5V 的数据线称为高速 CAN 线高（HSCAN-H），将电压信号为 1.5~2.5V 的数据线称为高速 CAN 线低（HSCAN-L）。

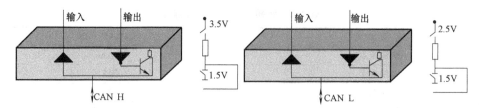

图 1-95 信号发送的简单原理

如图 1-96 所示,模块的收发器从 CAN 网络上接收信号,计算 CAN H 与 CAN L 之间的电压差。如果电压差为 2V,则模块认为信号为逻辑"0";如果电压差为 0V,则模块认为信号为逻辑"1"。

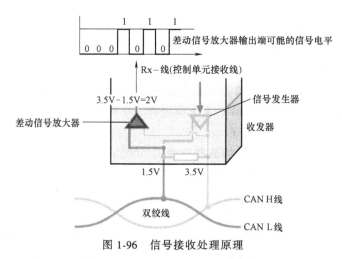

图 1-96 信号接收处理原理

5. 典型宝骏车型的 CAN 数据总线

（1）CN113R 网络

1）CN113R 网络拓扑。CN113R 高速 CAN 网络模块连接形式如图 1-97 所示,其网络拓扑结构为 BUS 型,终端电阻位于两端的 ECM 和 IPC 中,阻值均为 120Ω。提示:EBCM 就是指防抱死制动系统（ABS）。

2）CN113R CAN 通信电路。CN113R 高速 CAN 网络模块连接如图 1-98 所示。

3）CN210MR LV1、CN210MR LV2 网络

CN210MR LV1、CN210MR LV2 CAN 网络模块连接形式如图 1-99 所示。CN210MR LV1、CN210MR LV2 CAN 网络模块连接电路如图 1-100 所示。共有 2 组网络,一组为混合网络,拓扑结构为 BUS 型,其终端电阻位于两端的 ECM 和 IPC 中,阻值均为 120Ω;另一组网络为底盘网络 C-CAN,只有 EBCM 和 YRS 两个模块,每个模块各有 1 个终端电阻,阻值均为 120Ω。

4）CN210MR LV3 网络。CN210MR LV3 CAN 网络模块连接形式如图 1-101 所示,网络电路如图 1-102 和图 1-103 所示,共有 3 组网络:第一组为动力网络 P-CAN,拓扑结构属于 BUS 型,其终端电阻位于两端的 ECM 和 GW 中,阻值均为 120Ω,数据线通向诊断接口的 3、11 号针脚;第二组为 B-CAN,拓扑结构属于 BUS 型,其终端电阻位于两端的 IPC 和 GW 中,阻值均为 120Ω,数据线通向诊断接口的 6、14 号针脚;第三组网络为底盘网络 C-CAN,只有 EBCM 和 YRS 两个模块,每个模块各有 1 个终端电阻,阻值均为 120Ω。

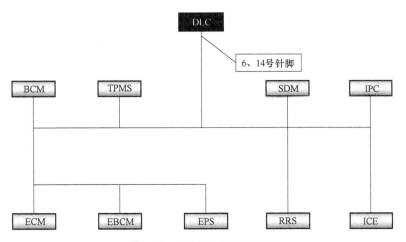

图 1-97 CN113R 网络拓扑图

BCM—车身控制模块　IPC—组合仪表　TPMS—胎压监测模块　ECM—发动机控制模块
DLC—诊断接口　EBCM—电子制动控制模块　SDM—安全气囊模块　EPS—电子助力转向模块　RRS—后部驻车辅助控制模块　ICE—音响娱乐模块

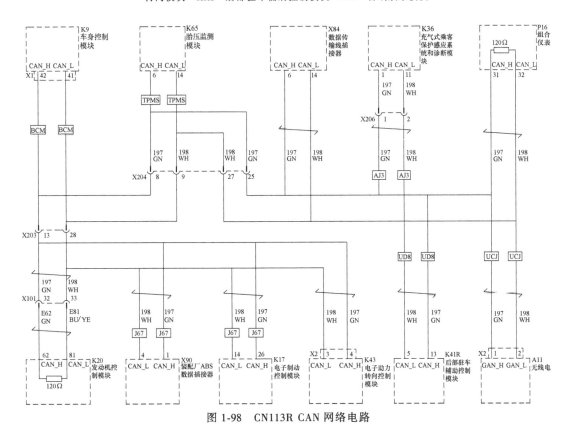

图 1-98 CN113R CAN 网络电路

诊断接口上有 3 组 CAN 线，其作用是：

① 诊断接口的 6、14 号针脚的作用是诊断 P-CAN、B-CAN 上的模块。当诊断仪对动力网络模块进行诊断时，必须先通过诊断接口的 6、14 号针脚，再通过网关模块，才能进入动力网络模块。

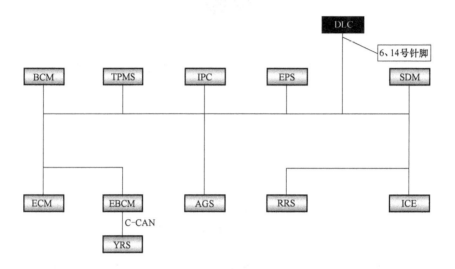

图 1-99　CN210MR LV1、CN210MR LV2 CAN 网络拓扑图

BCM—车身控制模块　IPC—组合仪表　TPMS—胎压监测模块　ECM—发动机控制模块
DLC—诊断接口　EBCM—电子制动控制模块　SDM—安全气囊模块　EPS—电子
助力转向模块　RRS—后部驻车辅助控制模块　ICE—音响娱乐模块
AGS—主动进气格栅模块　YRS—偏航角传感器

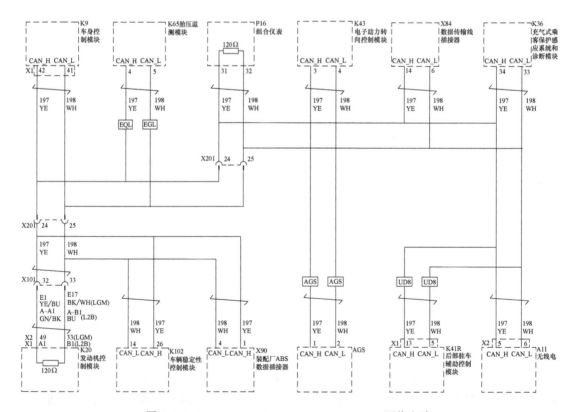

图 1-100　CN210MR LV1、CN210MR LV2 CAN 网络电路

第一章 车载网络

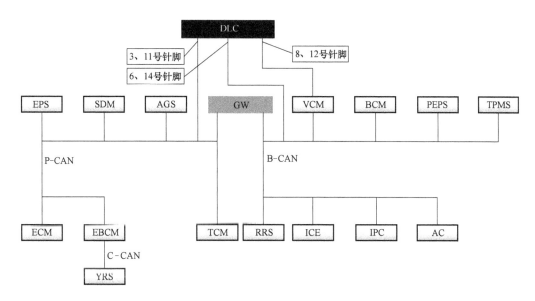

图 1-101　CN210MR LV3 CAN 网络模块连接形式

BCM—车身控制模块　IPC—组合仪表　TPMS—胎压监测模块　ECM—发动机控制模块
DLC—诊断接口　EBCM—电子制动控制模块　SDM—安全气囊模块　EPS—电子助力转向模块
RRS—后部驻车辅助控制模块　ICE—音响娱乐模块　AGS—主动进气格栅模块
YRS—偏航角传感器　GW—网关　PEPS—无钥匙进入、起动模块
TCM—变速器控制模块　AC—空调控制模块　VCM—视频控制模块

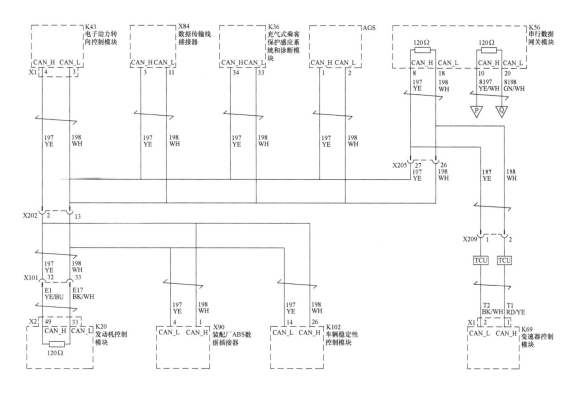

图 1-102　CN210MR LV3 网络电路（一）

41

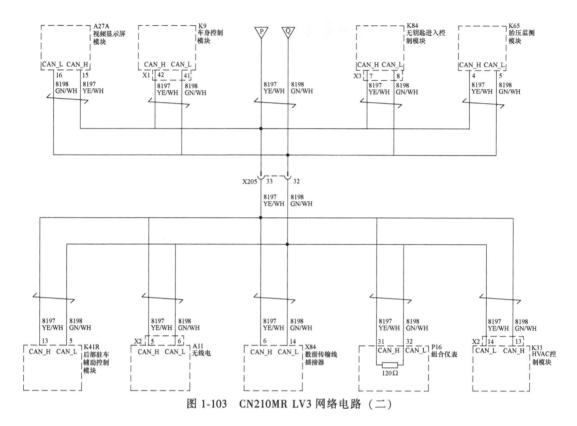

图 1-103 CN210MR LV3 网络电路（二）

② 诊断接口的 3、11 号针脚的作用是对 P-CAN 网络上的模块进行编程。

③ 诊断接口的 8、12 号针脚的作用是对 VCM 模块做标定。

（2）CN180S 车型网络结构

1）CN180S 车型 LV0/LV1 CAN 网络结构。CN180S 车型 LV0/LV1 CAN 网络拓扑结构如图 1-104 所示，网络电路如图 1-105 所示。其网络拓扑结构为 BUS 型，终端电阻位于 ECM

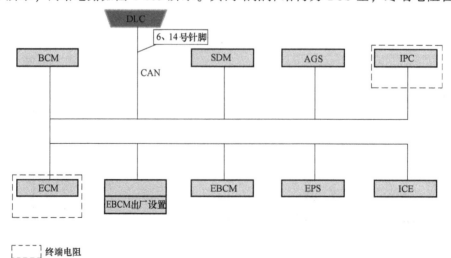

图 1-104 CN180S LV0/LV1 CAN 网络拓扑结构
BCM—车身控制模块　IPC—组合仪表　ICE—音响娱乐模块　ECM—发动机控制模块　DLC—诊断接口
EBCM—电子制动控制模块　SDM—安全气囊模块　EPS—电子助力转向模块　AGS—主动进气格栅模块

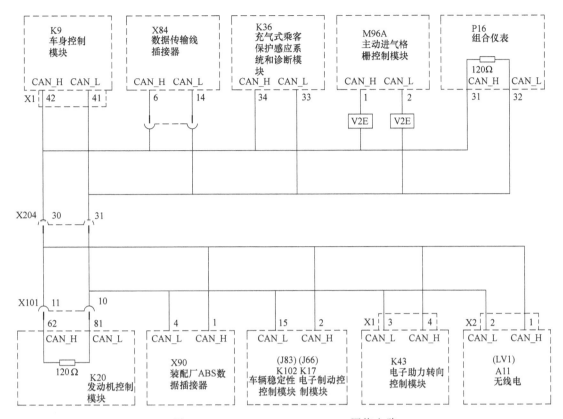

图 1-105 CN180S LV0/LV1 CAN 网络电路

和 IPC 中，阻值均为 120Ω。

注意："EBCM 出厂设置"的插头位于发动机舱左侧减振器座附近，是生产车间连接专用诊断仪的接口，主要用于制动系统排气。

2）CN180S 车型 LV2 CAN 网络结构。CN180S 车型 LV2 CAN 网络拓扑结构如图 1-106 所示，网络电路如图 1-107 和图 1-108 所示，共有 3 组网络：一组为动力网络 P-CAN，拓扑结构属于 BUS 型，其终端电阻位于 ECM 和 GW 中，阻值均为 120Ω；另一组网络为车身网络 B-CAN，其终端电阻位于 IPC 和 GW 中，阻值均为 120Ω；EBCM 与多角度加速度和偏航率传感器之间构成第三个网络 C-CAN（安全 CAN）。三个网络共有 6 个电阻，P-CAN 和 B-CAN 之间通过专门的网关 GW 传输数据。

诊断接口有两组网络线：3、11 号和 6、14 号。诊断仪使用 6、14 号针脚对网络进行诊断。

（3）CN200S 车型网络结构

1）CN200S 智能手动档车型 LV3 CAN 网络结构。CN200S 智能手动档车型 LV3 CAN 网络拓扑结构如图 1-109 所示，共有 3 组网络：第一组为动力网络 P-CAN，拓扑结构属于 BUS 型，其终端电阻位于两端的 ECM 和 BCM 中，阻值均为 120Ω，诊断线与诊断接口的 3、11 号针脚相通；第二组为车身网络 B-CAN，拓扑结构属于 BUS 型，其终端电阻位于两端的 IPC 和 BCM 中，阻值均为 120Ω，诊断线与诊断接口的 6、14 号针脚相通；第三组为安全网络 C-CAN，由 EBCM 与多角度加速度和偏航率传感器组成。智能手动档车型没有配置主动安全控制模块 DCU。

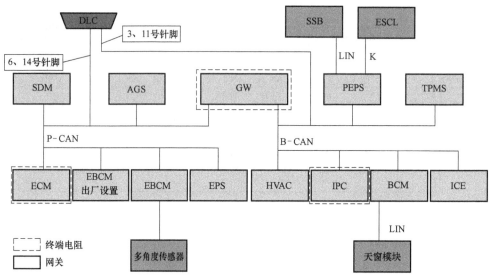

图 1-106　CN180S LV2 CAN 网络拓扑结构

BCM—车身控制模块　IPC—组合仪表　TPMS—胎压监测模块　ECM—发动机控制模块　DLC—诊断接口　EBCM—电子制动控制模块　SDM—安全气囊模块　EPS—电子助力转向模块　ICE—音响娱乐模块　AGS—主动进气格栅模块　GW—网关　PEPS—无钥匙进入、起动模块　HVAC—空调控制模块　SSB—一键起动开关　ESCL—电子转向锁模块

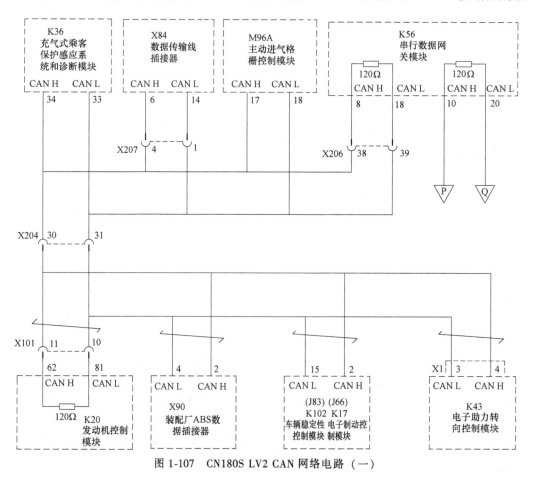

图 1-107　CN180S LV2 CAN 网络电路（一）

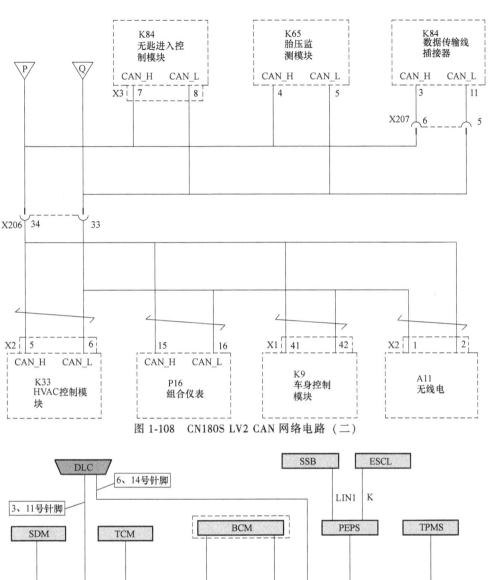

图 1-108　CN180S LV2 CAN 网络电路（二）

图 1-109　智能手动档车型 CN200S LV3 CAN 网络拓扑结构

BCM—车身控制模块（网关模块）　IPC—组合仪表　TPMS—胎压监测模块　ECM—发动机控制模块
DLC—诊断接口　EBCM—电子制动控制模块　SDM—安全气囊模块　EPS—电子助力转向模块
RRS—后部驻车辅助控制模块　ICE—音响娱乐模块　PEPS—无钥匙进入、起动模块
TCM—变速器控制模块　SSB——键启动开关　ESCL—电子转向锁模块

2）CN200S 手动档车型 LV3 CAN 网络结构。CN200S 手动档车型 LV3 CAN 网络拓扑结构如图 1-110 所示，共有 3 组网络：第一组为动力网络 P-CAN，拓扑结构属于 BUS 型，其终端电阻位于两端的 ECM 和 BCM 中，阻值均为 120Ω，诊断线和诊断接口的 3、11 号针脚相通；第二组为车身网络 B-CAN，拓扑结构属于 BUS 型，其终端电阻位于两端的 IPC 和 BCM 中，阻值均为 120Ω，诊断线和诊断接口的 6、14 号针脚相通；第三组网络为安全网络 C-CAN，由主动安全控制模块 DCU 与电子制动控制模块 EBCM 组成。CN200S 手动档车型没有单独的多角度加速度和偏航率传感器，多角度加速度和偏航率传感器以及安全气囊控制器都集成在主动安全控制模块 DCU 中。图 1-111 和图 1-112 所示为 CN200S 车型 LV3 CAN 网络电路。

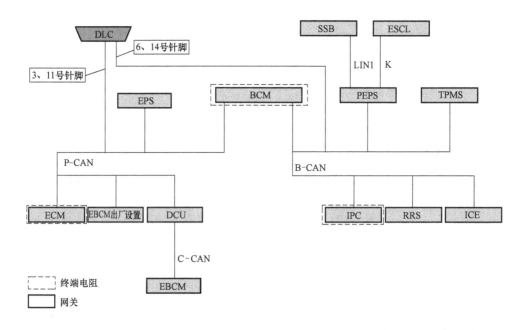

图 1-110　CN200S 手动档车型 LV3 CAN 网络拓扑结构
BCM—车身控制模块（网关模块）　IPC—组合仪表　TPMS—胎压监测模块　ECM—发动机控制模块
DLC—诊断接口　EBCM—电子制动控制模块　DCU—主动安全控制模块　EPS—电子助力转向模块
RRS—后部驻车辅助控制模块　ICE—音响娱乐模块　PEPS—无钥匙进入、起动模块
SSB——一键启动开关　ESCL—电子转向锁模块

3）CN200S LV4 车型诊断接口（图 1-113），CN200S 共有 2 组网络数据线，其作用如下：

① 诊断接口的 6、14 号针脚的作用是诊断 P-CAN、B-CAN 上的模块。当诊断仪对动力网络模块进行诊断时，必须先通过诊断接口的 6、14 号针脚，再通过网关模块，才能进入动力网络模块。

② 诊断接口的 3、11 号针脚的作用是对 P-CAN 网络上的模块进行编程。

③ 诊断接口的 8、12 号针脚是全景影像标定专用线，不是 CAN 线，用于生产线标定，对售后维修没有意义。售后标定是通过 CAN 线发送指令。

CN200S LV4 车型诊断接口针脚的功能见表 1-7。

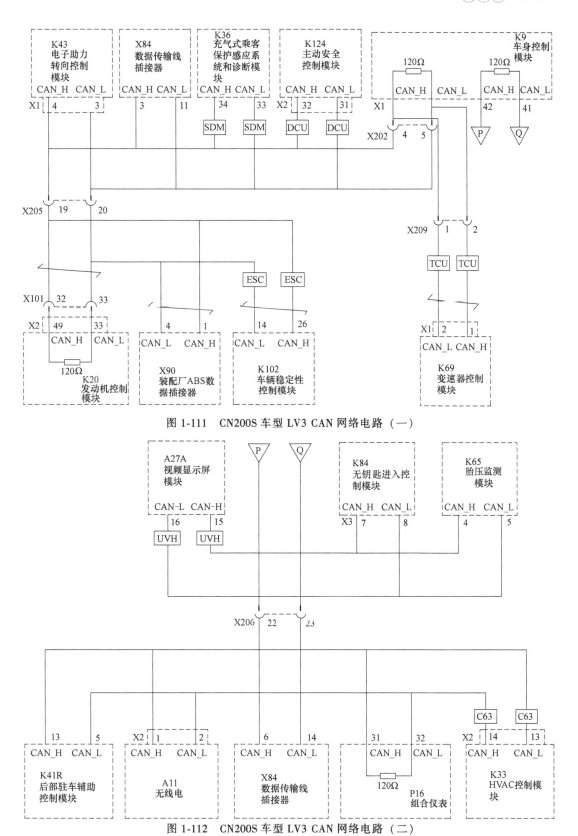

图 1-111 CN200S 车型 LV3 CAN 网络电路（一）

图 1-112 CN200S 车型 LV3 CAN 网络电路（二）

6. 宝骏车型高速 CAN 线信号特征应用实例

为更好地了解宝骏 630 高速 CAN 线信号特征，采用 KES-2000 示波器进行波形采集，如图 1-114 所示。两条 CAN 数据总线都通过一个通道进行测量。通道 1 的测量线连接 CAN L，通道 2 的测量线连接 CAN H，通过观察示波器图形容易理解高速 CAN 信号特征。

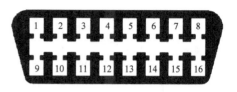

图 1-113　CN200S LV4 车型诊断接口

表 1-7　CN200S LV4 车型诊断接口针脚功能

针　脚	功　能	针　脚	功　能
4	搭铁	7	K 线
5	搭铁	11	P-CAN L
3	P-CAN H	14	B-CAN L
6	B-CAN H	16	蓄电池电压
8	全景摄像标定	12	全景摄像标定

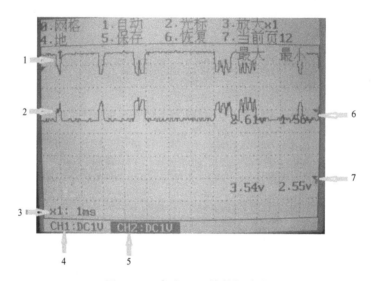

图 1-114　高速 CAN 线数据波形

1—示波器通道 1 测量 CAN L　2—示波器通道 2 测量 CAN H　3—坐标时间单位值设定（为便于看清波形，时间设定值为 1ms 左右）　4—示波器通道 1 的电压/单位设定（在 1V/单位值的设定下，示波器的显示得到较好利用，便于电压值的读取）　5—示波器通道 2 的电压/单位的设定（在 1V/单位值的设定下，DSO 的显示得到较好利用，便于电压值的读取）　6—示波器通道 1 的零线坐标　7—示波器通道 2 的零线坐标

高速 CAN 的信息传输通过两个逻辑状态 "0"（显性）和 "1"（隐性）来实现。每一个逻辑状态都对应于相应的电压值。控制单元利用电压差值获得数据，即信号使用差分电压传输。

1) CAN H 的 "隐性" 电压电位约为 2.55V（逻辑值 "1"）。
2) CAN H 的 "显性" 电压电位约为 3.54V（逻辑值 "0"）。
3) CAN L 的 "隐性" 电压电位约为 2.61V（逻辑值 "1"）。
4) CAN L 的 "显性" 电压电位约为 1.56V（逻辑值 "0"）。

（1）模块休眠

当模块间不进行通信时，如点火开关关闭，为节电，模块进入休眠模式。在关闭点火开关的前 10s 内，交换的数据逐渐减少，电压为 2.5V 平直线；当点火开关关闭 25s 后，电压为 0V，如图 1-115 和图 1-116 所示。当以下情况都存在时，车身控制模块将进入低功率或休眠模式：

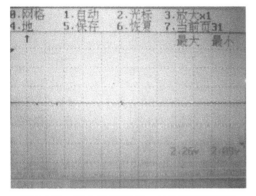 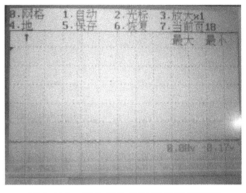

图 1-115　进入休眠前 10s 左右的数据波形　　　图 1-116　完全进入休眠时的数据波形

1）点火开关置于 OFF 位，钥匙拔出。
2）串行数据线路上无活动。
3）没有发出输出指令。
4）无延迟计时器进行活动计数。
5）未出现唤醒输入。

（2）宝骏 630 模块的唤醒

1）BCM 的唤醒。BCM 在唤醒状态下能控制或运行所有车身控制模块的功能。当检测到以下唤醒输入时，BCM 将进入唤醒状态：

① 串行数据线路上的动态信息。
② 蓄电池重新连接。
③ 钥匙插入点火开关。
④ 将点火开关置于 ON 位。
⑤ 任一车门或行李舱盖打开。
⑥ 开启驻车灯。
⑦ 开启前照灯。
⑧ 开启雾灯。
⑨ 开启危险警告灯。
⑩ 按压遥控器。

2）ECM 的唤醒有两种方式：一种是当点火开关置于 ON 位时，由 BCM 控制位于发动机舱内的运行/起动继电器吸合，给 ECM 的 68 号针脚提供电源电压；另一种是给 ECM 的 72 号针脚提供电源电压（不一定打开点火开关）。图 1-117 所示为 ECM 唤醒电源示意。

3）TCM 的唤醒。TCM 的唤醒方式与 ECM 类似，同样有两种方式：一种是使运行/起动继电器吸合，向 TCM 的 12 号针脚提供电源电压；另一种是由 BCM 适时向 TCM 的 13 号针

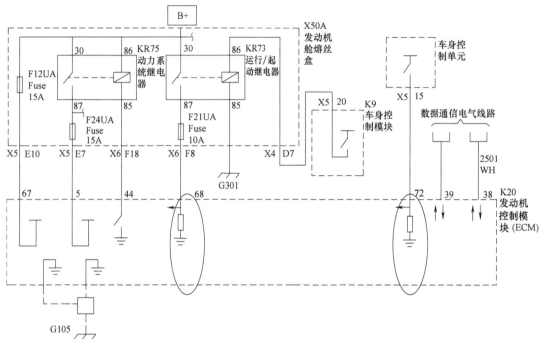

图 1-117 ECM 唤醒电源示意

脚提供电源电压。图 1-118 所示为 TCM 唤醒电源示意。

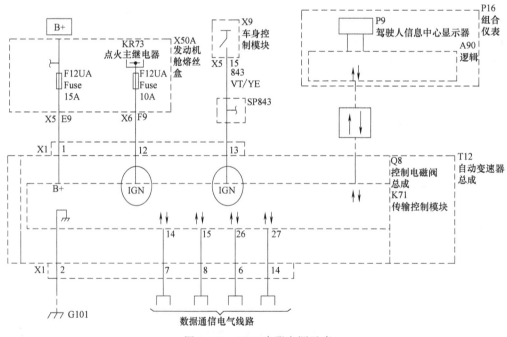

图 1-118 TCM 唤醒电源示意

4) EBCM 和 IPC 的唤醒。由 BCM 向 EBCM 的 35 号针脚提供一个约 11V 的电压，EBCM 就能被唤醒并进入工作状态，如图 1-119 所示。IPC 的唤醒也有两种方式，一是由运行/

起动继电器吸合后向 IPC 的 15 号针脚供电，IPC 被唤醒，进入工作状态，如图 1-120 所示；另一种是由 BCM 直接向 IPC 的 11 号针脚提供电压，使 IPC 唤醒并进入工作状态。

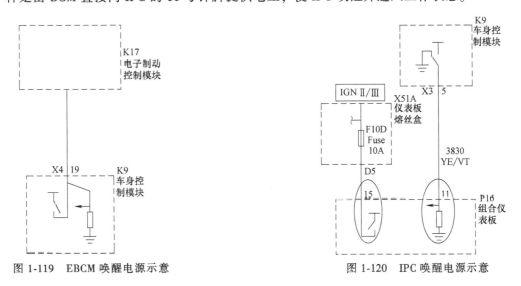

图 1-119　EBCM 唤醒电源示意　　　　图 1-120　IPC 唤醒电源示意

5）EPS 及 TPMS 模块的唤醒与 BCM 没有关系，当点火开关置于 ON 位时，模块即刻唤醒。

（3）宝骏 730 模块唤醒（图 1-121）

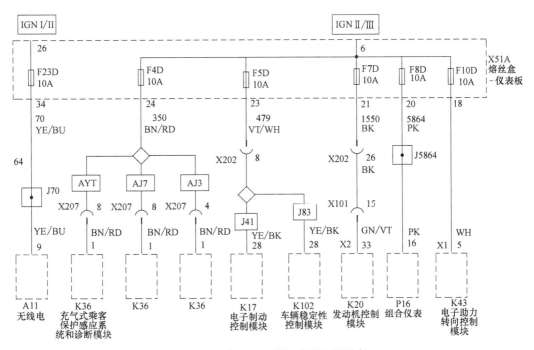

图 1-121　宝骏 730 模块唤醒电源示意

除 BCM 外，其他所有高速网络模块，如宝骏 610 的 EPS 和 TPMS 模块，统一由点火开关的 ON 位电源来唤醒。只有接收到 ON 位电源后，模块与模块或诊断仪才能通信。

七、CAN 总线故障诊断

CAN 网络数据线出现故障时，常表现为模块与模块间无法通信。CAN 网络故障通常直接表现在仪表和发动机起动方面：

1）一些模块所涉及的系统故障指示灯可能点亮，如 EPS 故障指示灯、安全气囊故障指示灯等。

2）发动机转速表和车速表指针会归零。

3）车辆熄火后不能起动。

出现上述故障现象时，为快速确定是否为 CAN 网络故障所致，可通过诊断仪读取故障码或查看其与各模块的通信状态。

进行诊断仪诊断时，常出现的故障有两大类：

1）局部模块与诊断仪或其他模块无法通信。

2）所有模块之间或所有模块与诊断仪无法通信。

1. 局部模块与诊断仪或其他模块无法通信

局部模块不能与其他模块或诊断仪通信时，可能的故障原因有：

1）局部模块电源异常。

2）局部模块搭铁异常。

3）局部模块唤醒线异常。

4）局部模块数据线开路。

5）局部模块本身故障。

故障诊断方法如下：

模块数据线开路的诊断。利用测量数据线终端电阻的方法。网络节点中有 2 个终端电阻，并联在 CAN H 与 CAN L 数据线之间。正常情况下，这两根数据线之间的电阻为 60Ω 左右。网络的拓扑结构不同，其具体测量点也不同。CN113R、CN210MR 的网络拓扑结构均为 BUS 型，不能通信的模块依据是否带有终端电阻分为两种：

1）当不能通信的模块带有终端电阻时，为方便起见，可以在诊断接口的两个针脚处测量其电阻，正常值为 60Ω 左右。如果测量值为 120Ω，则表明该模块到数据总线之间存在开路故障。

2）当不能通信的模块未带有终端电阻时，断开该模块插接器，测量插接器上 CAN H 与 CAN L 针脚之间的电阻，正常值为 60Ω 左右。如果测量值为 120Ω，则表明该模块到数据总线之间存在开路故障。

注意：使用数字万用表测量电阻时，被测件在测量前先断电。为此应断开车辆蓄电池负极线，等待约 3min，直至系统中所有电容器放电完毕。

1）如果终端电阻测量正常，则在打开点火开关的状态下测量模块的电源、搭铁和唤醒电压。

2）如果以上检测都通过，则只能采用更换模块的方法来解决。

2. 所有模块之间或所有模块与诊断仪无法通信

所有模块之间或所有模块与诊断仪无法通信时，可能的故障原因有：

1）CAN H 线对电源短路。

2) CAN H 线对搭铁短路。
3) CAN L 线对电源短路。
4) CAN L 线对搭铁短路。
5) CAN H 与 CAN L 线相互短路。
6) 两个终端电阻同时缺失。
7) 诊断仪自身故障。

注意，不同的车型，不同的网络组，其容错特性可能不同。如 CN210MR 的 P-CAN 和 B-CAN 的容错能力就有所不同，P-CAN 的 CAN H 对电源短路、P-CAN 的 CAN L 对搭铁短路时是可以正常通信的，而 B-CAN 在上述情况下都不能通信。

针对所有模块之间或所有模块与诊断仪无法通信的故障，按以下顺序可快速进行诊断：

1) 测量 CAN L 或 CAN H 数据线对搭铁的电压。在蓄电池已连接且点火开关打开时，测量诊断接口处 CAN H 的对搭铁电压为 2.6V 左右，CAN L 对搭铁电压为 2.4V 左右。如果所测电压值不正常，则可借助 CAN 网络容错特性来初步判断故障所属类型。例如，如果测量的 CAN H 电压为 0.00V，CAN L 的电压为 0.15V 左右，则故障原因是 CAN H 对搭铁短路。导致电压不正常的原因可能是模块内部 CAN L 或 CAN H 数据线故障，即模块本身故障，也可能是连接模块之间的 CAN 线故障。

2) 断开模块插接器判断是否为某个模块自身故障。在连接万用表和诊断仪的状态下，优先断开容易操作的模块插接器。如果断开某个模块插接器后，电压恢复到正常值，且诊断仪能与其他模块正常通信，则说明是该模块自身故障，只能用更换模块的方法来维修。如果断开模块插接器，万用表测量的电压没有变化，则恢复模块插接器，继续断开其他模块插接器进行判断。

3) 如果断开每个模块插接器时，万用表电压均没有变化，或诊断仪仍无法进入通信状态，则可能的故障原因是 CAN 电路出现故障。为快速缩小故障范围，可利用万用表对搭铁测量电压法、对搭铁测量电阻法或测量 CAN H 与 CAN L 之间电阻法来判断电路故障。测量时可以通过断开 CAN 线所经过的插接器的方法来缩小故障范围。

八、CAN 总线故障诊断应用实例

下面以宝骏 630 为例，通过双通道示波器采集的波形，并使用诊断仪进行全车检测，进而详细分析 CAN 网络的常见故障及诊断方法。

1. CAN L 数据线断路（图 1-122）

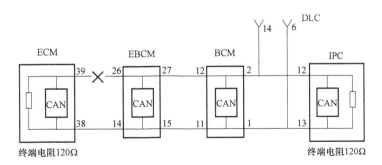

图 1-122　CAN L 数据线断路

1) 波形特征：CAN H 数据线电压在 2.6~4.35V 之间变化，CAN L 数据线电压在 0.9~3.77V 之间变化。因不能形成差分电压信号，网络上的数据信号不能被模块识别，如图 1-123 所示。

2) 用诊断仪进行全车检测：所有模块均无法通信，如图 1-124 所示。

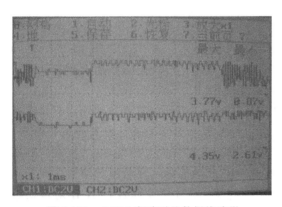

图 1-123　CAN L 断路时的数据线波形

图 1-124　CAN L 断路（或 CAN H 断路）时的 RDS（远程数据服务）诊断结果

3) 用万用表检测：CAN L 为 3.1V 左右；CAN H 为 3.3V 左右。

2. CAN H 数据线断路（图 1-125）

1) 波形特征：CAN H 数据线电压和 CAN L 数据线电压同时降低，说明 CAN H 数据线没有提升电压，无法形成差分电压信号，网络上的数据信号不能被模块识别，如图 1-126 所示。

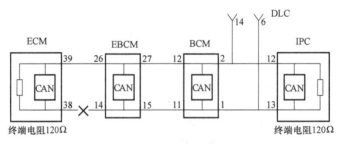

图 1-125　CAN H 断路

2) 用诊断仪进行全车检测：所有模块均无法通信，如图 1-124 所示。

3) 用万用表检测：CAN L 为 1.6V 左右；CAN H 为 1.9V 左右。

3. CAN H 数据线和 CAN L 数据线同时断路（图 1-127）

1) 波形特征：CAN H 数据线电压与 CAN L 数据线电压相反，形成差分电压信号，如图 1-128 所示。

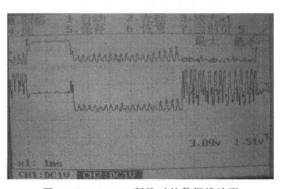

图 1-126　CAN H 断路时的数据线波形

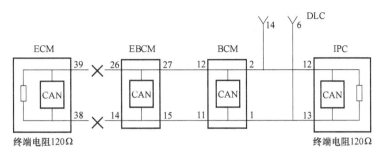

图 1-127 CAN H 数据线和 CAN L 数据线同时断路

2）用诊断仪进行全车检测：CAN 网络模块之间或模块与 RDS 之间通信正常。CAN 网络外的模块与 CAN 网络内的模块之间或与 RDS 之间通信异常，如图 1-129 所示。

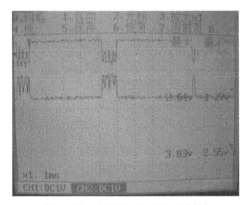

图 1-128 CAN H 和 CAN L 同时断路时的数据线波形

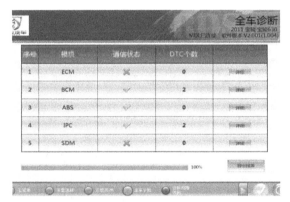

图 1-129 CAN H 和 CAN L 同时断路时的 RDS 诊断结果

3）用万用表检测：CAN L 为 2.4V 左右；CAN H 为 2.6V 左右。

通过以上三个 CAN 数据线断路分析可知，断开任何一根串联的 CAN H 或 CAN L 数据线，整个网络就不能正常通信；同时断开任意处的两根 CAN H 和 CAN L 数据线，即少了一个终端电阻，网络上的模块仍然可以进行数据通信，只有断开的模块无法与其他模块进行通信。

4. CAN L 数据线对电源短路（图 1-130）

1）波形特征：CAN H 和 CAN L "隐性" 电压约为 12V，说明两条总线未形成差分电压信号，如图 1-131 所示。

2）用诊断仪进行全车检测：所有模块均无法通信，如图 1-132 所示。

3）用万用表检测：CAN L 为 12V 左右；CAN H 为 12V 左右。

5. CAN H 数据线对电源短路（图 1-133）

1）波形特征：CAN H 数据

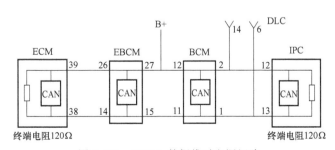

图 1-130 CAN L 数据线对电源短路

线"隐性"电压为13V左右,CAN L数据线"显性"电压为6.39V,说明两条总线未形成差分电压信号,单线无法进行数据传输,如图1-134所示。

2)用诊断仪进行全车检测:所有模块均无法通信,如图1-132所示。

3)用万用表检测:CAN L 为 10.9V 左右;CAN H 为 12V 左右。

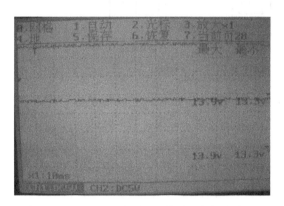

图1-131 CAN L 对电源短路时的数据线波形

图1-132 CAN L 对电源短路时的 RDS 诊断结果

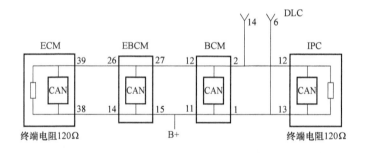

图1-133 CAN H 数据线对电源短路

6. CAN L 数据线对负极短路(图1-135)

1)波形特征:CAN H 数据线"显性"电压约为3.77V,CAN H 数据线"隐性"电压降至0V,CAN L 数据线电压为0V,说明两条总线未形成差分电压信号,单线无法进行数据传输,如图1-136所示。

2)检测仪进行全车诊断:所有模块均无法通信,如图1-132所示。

3)万用表检测:CAN L 为 0V;CAN H 为 0.8V 左右。

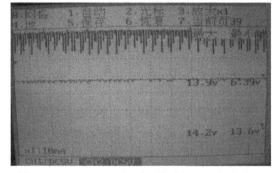

图1-134 CAN H 对电源短路时的数据线波形

7. CAN H 数据线对负极短路(图1-137)

1)波形特征:CAN H 数据线电压为0V,CAN L 数据线电压也为0V,说明控制模块通信总线关闭,如图1-138所示。

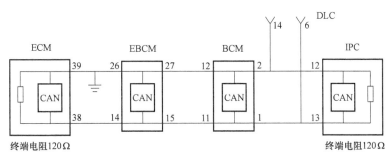

图 1-135　CAN L 数据线对负极短路

2）用诊断仪进行全车检测：所有模块均无法通信，如图 1-132 所示。

3）用万用表检测：CAN L 为 0.09V 左右；CAN H 为 0V。

8. CAN H 数据线和 CAN L 数据线交叉连接（图 1-139）

1）波形特征：CAN H 数据线电压和 CAN L 数据线电压基本无变化，如图 1-140 所示。

2）用诊断仪进行全车检测：所有模块均无法通信，如图 1-132 所示。

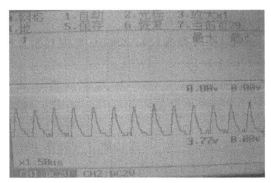

图 1-136　CAN L 对负极短路时的数据线波形

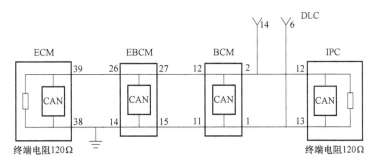

图 1-137　CAN H 数据线对负极短路

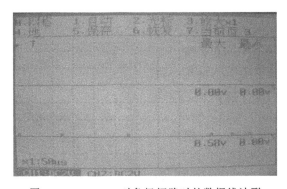

图 1-138　CAN H 对负极短路时的数据线波形

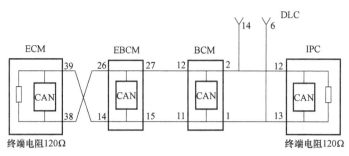

图 1-139　CAN H 数据线和 CAN L 数据线交叉连接

3）用万用表检测：CAN L 为 2.5V 左右；CAN H 为 2.5V 左右。

9. CAN H 数据线和 CAN L 数据线相互短路（图 1-141）

1）波形特征：CAN H 数据线电压和 CAN L 数据线电压基本无变化，如图 1-142 所示。

2）用诊断仪进行全车检测：所有模块均无法通信，如图 1-132 所示。

3）用万用表检测：CAN L 为 2.5V 左右；CAN H 为 2.5V 左右。

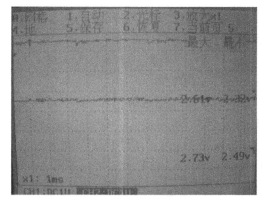

图 1-140　CAN H 数据线和 CAN L 数据线交叉时的数据线波形

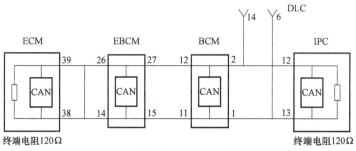

图 1-141　CAN H 数据线和 CAN L 数据线相互短路

10. CAN 网络上同时缺失两个终端电阻（图 1-143）

1）波形特征：当 CAN H 数据线"显性"电压为 4.93V 时，CAN L 数据线"显性"电压为 0.58V，两条总线上下电压差过大，导致传输信号不能被各模块识别，如图 1-144 所示。

2）用诊断仪进行全车检测：各模块均无法通信，如图 1-132 所示。

3）用万用表检测：CAN L 为 1.6V 左右；CAN H 为 3.4V 左右。

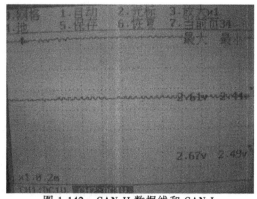

图 1-142　CAN H 数据线和 CAN L 数据线相互短路时的数据线波形

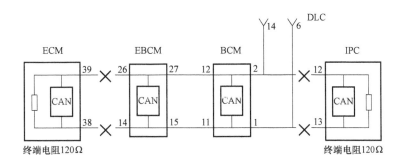

图 1-143 CAN 网络上同时缺失两个终端电阻

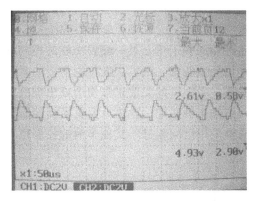

图 1-144 CAN 网络上同时缺失两个终端电阻时的数据线波形

第五节 模块编程与配置

为满足不同配置功能的需求、便于维修，同时以批量化生产降低成本，大多数汽车用控制模块后期可以进行维修编程操作。图 1-145 所示为上汽通用五菱宝骏的刷新与匹配界面。

一、模块编程

1. 模块编程原理

模块编程，也称模块刷新，即更换新模块时，为使新模块的控制功能完全与车辆的硬件状态及控制特性匹配，根据实车状态写入相应的控制软件。在新车下线时，每辆车的 VIN 码对应的实际配置状态信息都记录在厂家的服务器中。维修人员进行编程时，只要确保读取到的或手动输入的 VIN 码与车辆的 VIN 码一致，服务器就会根据当前读入或输入的 VIN 码自动查找到相应的控制软件，下载并编程到新模块中，如图 1-146 所示。

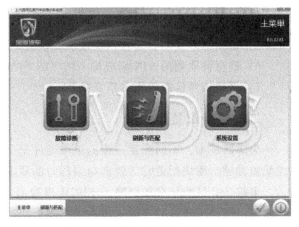

图 1-145 模块刷新与匹配界面

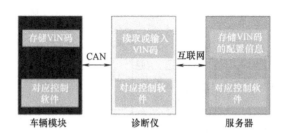

图 1-146 模块编程原理

2. 模块编程应用

（1）更换控制模块

全新状态的控制模块有两种状态：一种是控制软件完全空白，后期必须经过刷新才能正常运行；另一种是出厂时已经预编程了适合某一配置功能的控制软件。在后一种情况下，如果预装的软件与所维修的车辆配置匹配，则不必进行刷新，如果预装的软件与所维修的车辆配置不匹配，则必须进行刷新，否则可能无法正常使用或出现故障码。由于在外观上无法分辨新控制模块用软件是否与维修车辆匹配，建议只要更换新控制模块，就执行维修编程，以避免返工。如果在维修中需要使用已编程过的其他车辆的控制模块，为保证能正常使用，也需要执行维修编程操作。

（2）控制模块软件升级

车辆正常上市后，如果出现控制软件标定有偏差，或后期新增/取消某些功能等问题，只要厂家推出更新软件，就可以通过刷新的方式进行修正。

注意：并不是每个车型、任何情况下更换控制模块都需要编程，而且有些控制模块允许编程，有些控制模块不允许编程，具体要参见厂家发布的维修通告。

3. 模块编程时的要求

对控制模块进行编程是存在一定风险的，编程过程意外中断可能导致控制模块损坏。控制模块编程时的要求如下：

1）编程前确保诊断仪升级到最新版本。
2）确保诊断仪能够联网，并保持网路畅通。
3）确保车辆的蓄电池电量充足。
4）确保车辆的线束连接良好。
5）确保诊断仪与诊断接口模块、车辆之间的电缆连接可靠。
6）确保读取到的 VIN 码或输入的 VIN 码与原车 VIN 码一致。
7）严格按照诊断仪提示信息操作。

二、模块配置

为降低成本，不同配置车型的模块硬件是完全一致的，只通过关闭或打开某些功能来形成配置差异。模块配置时的要求与编程时的要求一致。

宝骏 730 目前只有在更换了 EBCM 模块后，才需要执行"ABS 在线配置"操作。具体操作时，确保按照诊断仪提示信息进行操作即可，图 1-147 所示为上汽通用五菱宝骏 730 汽车 ABS 在线配置刷新与匹配界面。

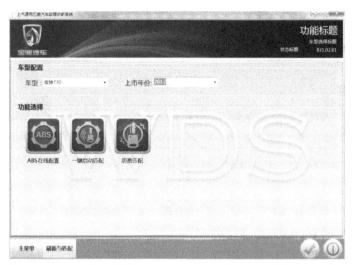

图 1-147　上汽通用五菱宝骏 730 汽车 ABS 在线配置刷新与匹配界面

第六节　学习成果自检

请通过思考以下问题对学习成果进行自检,并填写下列表格。

序号	问　　题	自检结果
1	CAN 网络是如何识别数字信号的?	
2	高速网络和低速网络是怎样划分的?	
3	网关有什么作用?	
4	CAN 网络总线特征有哪些?	
5	CAN 网络有哪些硬件?它们的作用分别是什么?	
6	CAN 信号电压是如何产生的?节点是如何接收信号的?	
7	CAN 数据帧由几部分组成?各部分的结构特点是什么?	
8	CAN 网络如何确定模块优先权?	
9	CAN 网络出现哪种故障时还可以正常通信?	
10	CN113R 和 CN210MR 网络拓扑结构的特点是什么?哪些模块带有终端电阻?	
11	单个模块与诊断仪无法通信的原因有哪些?应该如何诊断?	
12	所有模块都与诊断仪无法通信的原因有哪些?应该如何诊断?	
13	LIN 线的主要特性有哪些?	
14	LIN 网络节点由哪些部件组成?	
15	LIN 网络节点信号电压是如何产生的?	
16	LIN 数据帧由几部分组成?各部分的结构特点是什么?	
17	CN113R 和 CN210MR 的哪些系统中应用了 LIN 网络?	
18	LIN 出现故障引发的电动车窗故障现象是什么?如何进行诊断?	
19	对控制模块编程时,如何保证所下载的程序是正确的?编程时的注意事项有哪些?	
20	CN210MR 在哪种情况下需执行模块配置?配置时的注意事项有哪些?	

第七节　章练习题

1. 单项选择题

问题1		下列关于车载网络通信术语的说法错误的是（　　）
	A	位（bit）指二进制数的一位"0"或"1"，也称比特，它是计算机存储数据的最小单位
	B	网速指网络信号的传输速率，单位为"bit/s"，这里的"bit"表示"位"，一位表示二进制中的一个"0"或"1"
	C	网关作为网间连接器，用于完成协议转换，实现跨总线之间的信号共享
	D	串行数据传输时，运行多个模块同时传输信息
问题2		下列哪项不属于CAN网络的组成硬件（　　）
	A	控制器
	B	收发器
	C	传感器
	D	终端电阻
问题3		以下对CAN信号的传输描述不正确的是（　　）
	A	模块需要发送信号时，中央处理器将需要传输的信号发送给CAN控制器
	B	控制器以数字信号的形式驱动收发器电路，收发器中的驱动器向总线发出模拟电压信号
	C	节点需要从总线上采集信号时，差动放大器对CAN H与CAN L的电压进行差动处理，并将结果发送给控制器
	D	收发器的作用是分析处理来自控制器或总线的数据
问题4		以下关于CAN网络数据结构中数据帧的描述错误的是（　　）
	A	帧起始，表示数据帧开始的段，"显性"具有优先功能，只要有一个节点输出"显性"电平，总线上即为"显性"电平
	B	仲裁域，包括11位，表示数据的优先级。"显性"值"1"的优先级比"隐性"值"0"高
	C	数据域（DATA），包括即将传输的数据信息，最多可达64位
	D	应答区（ACK）用来确认是否正常接收，由ACK槽（ACKSlot）和ACK定界符2位构成
问题5		CN113R CAN网络具有一定的容错能力，以下哪项描述是错误的（　　）
	A	网络上的任一节点出现故障后，包括节点自身故障、节点电源或搭铁损坏等，该节点将无法与CAN总线上的其他节点进行通信，其他节点之间可以正常通信
	B	当CAN L对电源短路时，总线整体失效，CAN网络不能工作
	C	当CAN H对搭铁短路时，总线通信正常
	D	CAN L或CAN H短接时，总线整体失效，CAN网络不能工作

		以下关于 CN210MR 车型 LV3 CAN 网络结构的说法错误的是（　　）
问题 6	A	诊断接口的 6、14 号针脚的作用是诊断 P-CAN、B-CAN 上的模块
	B	P-CAN 数据线位于诊断接口的 6、14 号针脚
	C	B-CAN 的拓扑结构属于 BUS 型
	D	C-CAN 只有 EBCM 和 YRS 两个模块

		在维修 CN113R 车型过程中，如果断开蓄电池后使用万用表电阻档测量诊断接口的 6 号和 14 号针脚电阻，其阻值为 0Ω，则不可能是下列哪项原因所致（　　）
问题 7	A	ECM 内部故障
	B	CAN H 和 CAN L 短路
	C	BCM 的 CAN H 断路
	D	EPS 内部故障

		下列哪项不属于 LIN 线的通信特点（　　）
问题 8	A	LIN 网络属于多主结构，节点之间可以通信
	B	一个 LIN 网络只有一个主控模块
	C	LIN 总线的电压范围为 0~12V
	D	LIN 网络的传输速率接近 20kbit/s，相对 CAN 网络而言，属于低速传输

		在维修过程中，使用万用表电压档测量 CN113R 诊断接口 6 号和 14 号针脚对搭铁电压，在打开点火开关的状态下，测量 6 号针脚电压为 0V，测量 14 号针脚电压为 0.14V，可能的故障原因有（　　）
问题 9	A	CAN H 对搭铁短路
	B	CAN L 对搭铁短路
	C	CAN H 和 CAN L 短路
	D	CAN H 和 CAN L 都对搭铁短路

		发动机运转过程中，测量车辆数据总线上的 CAN L 线的电压应为（　　）
问题 10	A	2.5V
	B	5V
	C	2.3V
	D	2.7V

		以下关于 CAN 数据线差动传输的说法错误的是（　　）
问题 11	A	差动传输是用两根数据线进行的
	B	一根数据线上的电压从 2.5V 变为 3.5V，则另一根数据线上的电压相应地从 2.5V 变为 1.5V
	C	两根数据线上出现的干扰信号，在差动作用下会消除
	D	两根数据线电压差始终为 0V

2. 多项选择题

问题1		以下对于数字信号的认识，正确的是（　　）
	A	数字信号指电压或电流在幅值和时间上是离散、突变的信号
	B	LIN 线电压信号传输，控制模块识别电平高于某设定值时，认为是"1"
	C	双线传输信号（如 CAN 网络），控制模块通过识别两根数据线的电平差来判断信号含义
	D	数字信号的识别，模块只要识别出电位状态即可获取数据
问题2		以下关于 CAN 总线信号特征描述正确的是（　　）
	A	CAN 网络采用多主结构通信
	B	CAN 网络采用双绞线作为数据总线，便于维修人员迅速识别
	C	CAN L 的电压在高位时为 3.5V，在低位时为 1.5V
	D	当 CAN 总线或节点出现某些故障时，网络可能依然具有一定的信号传输能力
问题3		关于 CN210MR 的 CAN 网络，下列描述正确的是（　　）
	A	正常情况下，CAN 网络的两根信号线电压之和为 5V
	B	如果测得 CAN 网络的两根信号线电压之和为 5V，则表明 CAN 网络正常
	C	正常情况下，断开蓄电池负极后，测量诊断接口的 6 号及 14 号针脚之间的电阻为 60Ω
	D	断开蓄电池负极，如果测量诊断接口的 6 号及 14 号针脚之间的电阻为 60Ω，则表明网络正常
问题4		在 CN113R 的 CAN 网络中，EPS 模块与其他模块或诊断仪无法通信的故障原因有（　　）
	A	EPS 模块电源搭铁故障
	B	EPS 模块唤醒信号故障
	C	EPS 模块插接器处 CAN H 数据线开路
	D	EPS 模块自身故障
问题5		带发动机防盗功能的 CN113R 车型，更换以下部件后操作正确的是（　　）
	A	更换 ECM 需要进行维修编程
	B	更换 ECM 需要进行发动机防盗匹配
	C	更换遥控钥匙需要进行遥控及防盗匹配
	D	更换防盗识读线圈需要进行防盗匹配

3. 问答题

CN113R 网络拓扑结构是什么类型？网络上有哪些模块？终端电阻在哪里？

4. 思考与讨论

1. CN113R 车型 CAN 网络所有模块无法通信，诊断方法和流程是什么？

2. CN113R 出现左前车门电动窗控制器无法控制其他车门窗故障，诊断和维修方法及流程是什么？

第二章 安全与防护系统

● 学习要点：

1）遥控系统的工作原理与故障诊断。
2）车身防盗系统的工作过程及故障诊断。
3）发动机防盗系统的工作原理与故障诊断。
4）PEPS（无钥匙进入及一键式起动）系统的工作原理与故障诊断。
5）乘员保护系统的工作原理与故障诊断及维修。
6）倒车雷达系统的工作原理与故障诊断。

● 学习目标：

1）能够解释遥控系统的工作原理，并对系统故障进行诊断。
2）能够解释车身防盗系统的工作过程，并对系统故障进行诊断。
3）能够解释发动机防盗系统的工作原理，并对系统故障进行诊断。
4）能够解释PEPS系统的工作原理，并对系统故障进行诊断。
5）能够解释乘员保护系统的工作原理，并对系统故障进行诊断及维修。
6）能够解释倒车雷达系统的工作原理，并对系统故障进行诊断。

第一节 遥控系统

遥控系统的主要功能是控制中控门锁的开锁和落锁，有些还具有开启行李舱功能、设置和解除车身防盗系统功能、寻车功能、控制电动车窗自动升降功能、天窗或遮阳帘关闭及打开功能、遥控起动发动机功能等，如图2-1所示。

图2-1 遥控系统

一、遥控系统的组成

目前，宝骏品牌的中等及以上配置车型都装有遥控系统。遥控系统由遥控发射器、遥控接收器及遥控控制器组成。如果考虑遥控器的功能，则还包括门锁电动机、转向灯及喇叭等。

1）遥控发射器。遥控发射器位于钥匙总成内，发送遥控请求信息，遥控距离一般在 20m 以内。

2）遥控接收器。接收遥控信息并判断钥匙是否合法，同时向遥控执行器发送执行命令。目前多数车型都以 BCM 或 PEPS 模块作为遥控接收器，而无 BCM 的车型会有一个单独的中控盒。

3）遥控执行器。门锁电动机是最主要的执行器，转向灯、喇叭在门锁工作时也会动作，发出指示信号。

对于以 BCM 作为遥控接收器的车型，遥控系统由以下部件组成（图 2-2）：

1）遥控发射器。
2）BCM 模块。
3）遥控执行器，包括中控锁、转向灯及喇叭等。

对于装有 PEPS 系统的车型，遥控器系统由以下部件组成（图 2-3）：

1）遥控发射器。
2）PEPS 模块。
3）BCM 模块。
4）遥控执行器，包括中控锁、转向灯及喇叭等。

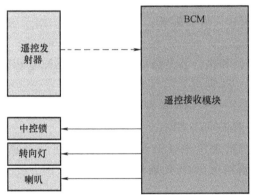

图 2-2 以 BCM 作为遥控接收器的遥控系统组成　　图 2-3 装有 PEPS 系统的车型的遥控系统组成

1. 遥控发射器

遥控发射器位于遥控器总成内，宝骏乐驰遥控器解体后的芯片总成如图 2-4 所示，其背面还有 2 块 3V 电池，而宝骏 630 的遥控器电池只有 1 块，同样为 3V。遥控器芯片将信号以无线电波的形式发送出去，实现车辆的解锁、落锁等功能。

2. 遥控接收器

遥控接收器收到遥控发射器的信号后，处理方式依车型可分为两种。对于上汽通用五菱宏光 S 和宝骏乐驰来说，遥控接收器集成在中控门锁控制模块或 BCM 内部，它收到信号后可立即响应，并对车辆进行相应控制。对于宝骏 630 来说，遥控信号首先由位于后窗台饰板下部的遥控接收器（图 2-5）接收并处理，然后再通过电路传输给 BCM。

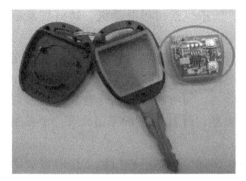

图 2-4 宝骏乐驰遥控器芯片总成

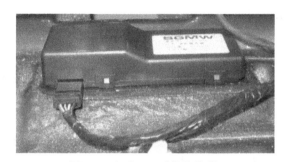

图 2-5 宝骏 630 遥控接收器

3. 遥控控制器

上汽通用五菱不同车型的遥控控制器名称见表 2-1。

表 2-1 上汽通用五菱车型遥控控制器名称

车型名称	遥控控制器名称
宏光 S	BCM
宝骏 560 和宝骏 730	BCM PEPS
宝骏 630	遥控门锁接收器

遥控控制器相当于遥控系统的"大脑",它接收到遥控信号后会驱动执行器工作。例如按压遥控器解锁键,解锁信号最终传输到遥控控制器,遥控控制器对信号进行处理后,会驱动四个车门锁电动机工作,将四个车门解锁,同时转向灯会闪烁,喇叭也会鸣响。对于宝骏 630 而言,通过诊断仪还能读取遥控系统的数据流。

在 CN210MR 和 CN113R 车型中,遥控器接收器和执行器是集成一体的。根据配置 PEPS 系统的情况,两者集成的位置不同。

如图 2-6 所示,CN210MR 未装 PEPS 系统车型和 CN113R 车型的遥控系统由遥控发射器和 BCM(遥控接收模块和遥控执行器都集成在 BCM 内部)组成。

如图 2-7 所示,CN210MR 装 PEPS 系统的车型的遥控系统由遥控发射器、PEPS(遥控接收模块集成在 PEPS 内部)和 BCM(遥控执行器集成在 BCM 内部)组成。

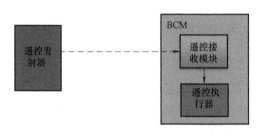

图 2-6 CN210MR 未装 PEPS 系统车型的遥控系统组成

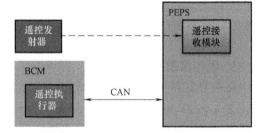

图 2-7 CN210MR 装 PEPS 系统车型的遥控系统组成

二、遥控系统的工作原理

下面以 HCS300 遥控器为例,详细介绍遥控系统的工作原理。

1. HCS300 遥控系统技术特征

1）图 2-8 所示为 HCS300 芯片。HCS300 使用 KEELOQ 跳码技术，具有安全性高、封装尺寸小和成本低等特性。HCS300 是单向遥控系统和接收控制系统的良好解决方案。

图 2-8　HCS300 芯片

2）HCS300 将非线性加密算法生成的 32 位跳码与 28 位序列号和 6 个信息位组合在一起，形成了一个 66 位的编码信息。这种编码信息消除了编码扫描的风险，而跳码机制使每次发送都是唯一的，从而令编码截获和重发机制无效。

3）密钥、序列号和配置数据存储在 EEPROM（闪存-电可擦写，可匹配只读存储器）阵列中，不能通过任何外部连接对其进行访问。EEPROM 数据是可以匹配的，同时也是写保护的。只有在自动擦除和匹配操作完成后，才能对其数据进行校验。这样可防止获取密钥或对同步值进行操作。HCS300 提供了一种简单易用的接口，可对必要的密钥、系统参数和配置数据进行匹配。

2. 加密密钥的生成

在使用 HCS300 前，必须产生唯一的加密密钥。

1）密钥产生过程如图 2-9 所示：先由工厂代码和发射器序列号一起经密钥产生算法，形成唯一的加密密码，简称密钥，然后写入芯片内的 EEPROM 中。工厂代码的长度为 64 位。各制造商均不相同，它用于产生与每一个编码器相对应的唯一密钥。工厂代码是整个系统安全的关键，应规范管理、保存。序列号为 28 位，对应于每一个编码器（遥控发射器），可作为用户码。

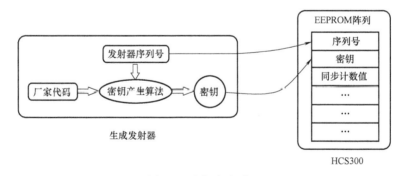

图 2-9　密钥产生过程

2）使用 HCS300 的 EEPROM 阵列前必须为其装载几个参数，这些参数通常在生产时已由厂家匹配。最重要的参数是 28 位序列号（通常各编码器的序列号均不相同）、密钥、初始的 16 位同步计数值和 16 位配置值。

3. 发射器发送编码过程

如图 2-10 所示，当检测到有按钮被按下时，HCS300 唤醒，并延时大约 10ms 以等待按钮抖动平息。一但编码器检测到按钮被按下的信息，就会读取按钮输入，并更新同步计数器。16 位同步计数值是发送的编码信息在每次发送时改变的依据，每次按下按钮时，它都将递增。

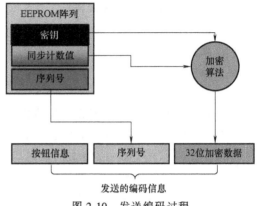

密钥和同步计数值输入给加密算法，从而输出一个 32 位的加密数据。每次按下按钮时，该加密数据都会发生改变，从外部看，该数据的值在"随机地来回跳动"，因此称其为"编码信息的跳码部分"。

图 2-10　发送编码过程

加密同步计数值、识别码和按钮信息，以形成跳码。32 位跳码与按钮信息和序列号组合起来，形成了发送给接收器的编码信息。

由于跳码算法的复杂性，同步计数值每次递增都会导致发送的编码信息中 50% 的位发生变化。每次发送的跳码部分都会改变，即使再次按下同一个按钮也是如此。发送的编码信息在超过 64000 次传输中都不会重复。以每天执行 10 次操作为例，跳码可以保证在约 18 年之内编码信息不重复。

4. 编码字的构成

如图 2-11 所示，HCS300 编码字由 5 部分组成。每个编码字均包含一个占空比为 50% 的前导符、一个数据头、一个 32 位加密数据和一个 34 位固定数据。在开始另一个编码字之前还跟有一个防护周期。

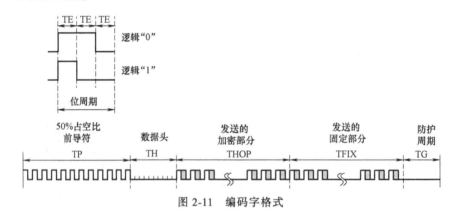

图 2-11　编码字格式

当有按钮按下时，HCS300 会发送一个 66 位的编码字。该编码字由固定部分和加密部分组成（图 2-12）。32 位加密数据由 4 个按钮位、12 个识别位和 16 个同步计数值位组成。仅

图 2-12　编码字构成

加密部分就能提供最多 40 亿种不同的编码组合。34 位固定数据由 2 个状态位、4 个按钮位和 28 位序列号组成。

5. 接收器解密编码过程

如图 2-13 所示，在允许系统使用发射器前，发射器必须被接收器学习。学习包括计算发射器的相应密钥、将接收到的跳码解密，并将序列号、同步计数值和密钥存储在接收器的 EEPROM 中。在正常操作中，解码器接收到信息后再进行运算识别。

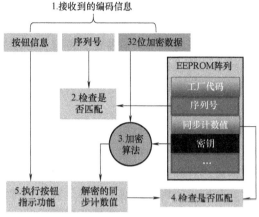

解码器将接收到的序列号与 EEPROM 中已被学习的发射器的数据表做比较，以确定该发射器是否允许在系统中使用。换言之，序列号用来判断信息是否来自于一个已被学习的发射器。

图 2-13 接收编码过程

如果信息来自一个已被学习的发射器，则会使用存储的密钥解密发射器的密码，并通过识别位验证使用的密钥是否正确。如果解密有效，则评估同步计数值（解码器同步）。

KEELOQ 技术的专利范围包括一种复杂的同步技术，它无需计算和存储将来的编码，安全地阻止了无效发送，同时，在远离接收器的发射器被无意激活时，还提供了使其重新同步的功能。

6. 同步功能

图 2-14 所示为一个由三部分组成的滚动同步窗口。每个窗口的大小都是可以选择的，技术原理也都是一样的。单窗口区最大允许 16 个编码。双窗口区最大允许 32000 个编码。超过 32000 个编码，进入阻止区，不能通过同步的方法来完成发射器的同步，必须重新匹配。

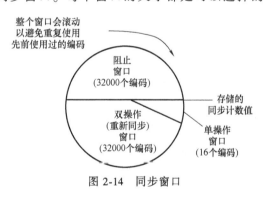

1) 每次验证完发送信息后，将执行所需的功能，以及发射器的同步计数值存储到 EEPROM 中。从当前存储的计数值开始，向前有一个长度为 16 个编码的单操作窗口。如果接收到的同步计数值和上一次存储的计数值

图 2-14 同步窗口

之差小于 16，则按下一个按钮时，会执行所需的功能并存储新的同步计数值。存储新同步计数值实际上就是将整个同步窗口旋转了一下。

2) 双操作（重新同步）窗口从单操作窗口开始，直到以存储的计数值为起点向前的第 32000 个编码。这一部分称为"双操作"是因为同步计数值处于该窗口范围内的发送，需要先有一个额外的计数值与前次连续发送后，才能执行所需的功能。一旦接收到连续的发送，解码器就会执行所需的操作并存储同步计数值。重新同步的过程对用户来说是透明的，因为当第一次发送失败后，用户自然会再一次按下按钮。

3) 第 3 个窗口是阻止窗口，其范围从双操作窗口到当前存储的同步计数值。任何同步

计数值处于该窗口的发送都会被忽略。该窗口阻止了前面已使用过的、编码有可能被截获的发送访问系统。

7. 接收器匹配发射器

在允许系统使用发射器前,发射器必须先被接收器匹配。有多种匹配策略,其核心都在于解码器必须将每个匹配过的发射器的序列号和当前的同步计数值保存在 EEPROM 中。此外,解码器通常还会存储每个发射器的唯一密钥。可匹配的发射器的最大数量与可用的 EEPROM 空间有关。

发射器序列号可不加密发送,但同步计数值只能处于编码信息的加密部分中。通过加密信息所用的相同密钥解密,解码器可获得计数值。KEELOQ 算法是一种对称的分组加密算法,因此加密和解密密钥相同,它们统称为密钥。编码器在生产过程中获得密钥。解码器匹配为具有生成密钥和其他所有需要输入到密钥生成程序的信息的功能,但通常不包括发射器的序列号。以下是常用的两种匹配策略:

(1) 常规匹配模式

解码器接收并验证第一次发送的编码(第一次按下按钮时)。验证包括生成相应的密钥、解密,并通过识别位验证密钥使用是否正确并缓存计数值。接收并验证第二个发送的编码。最后,检查计数值是否与上一次连续(按下按钮是连续的)。如果成功完成匹配序列,则解码器会将已匹配的发射器的序列号、当前同步计数值和相应的密钥保存起来。此后在正常操作中,就能从 EEPROM 获取密钥,而不用在每次接收到发送时重新计算密钥。对于有些车型,按压一次遥控器,执行器就会对第一次的编码进行解密,并将序列号、密钥和同步计数值存储起来。

(2) 安全匹配模式

发射器通过一个特殊的按钮组合激活,并发送一个存储其中的用于产生发射器密钥的 60 位种子值。接收器使用该种子值产生相同的密钥,并使用该密钥解密编码信息的加密部分。

8. CN113R 和 CN210MR 车型的遥控器匹配特点

CN113R 和 CN210MR 的遥控器匹配属于常规匹配模块。由于 CN113R 和 CN210MR 的遥控发射器与防盗芯片电路内部有连接,匹配时不需要按下遥控发射器按钮。在用诊断仪执行遥控器和防盗匹配操作时,防盗模块会通过防盗芯片指令遥控器芯片发送遥控器信息,因此匹配时只能用机械钥匙打开点火开关,不能有多个遥控器靠近防盗模块,如图 2-15 所示。

图 2-15 遥控器匹配

如果系统置于匹配模式，则在接收到第一个发射器的匹配信号时，将擦除所有先前已匹配的发射器。最多可以匹配4个发射器。不得在正处于遥控门锁匹配模式中的车辆附近操作或匹配发射器，以防止发射器对不正确的车辆进行匹配。注意：由于CN113R和CN210MR的遥控器芯片与防盗芯片电路内部有连接，一次就可完成遥控器与发动机防盗系统的匹配操作，不需要单独的匹配操作。

三、遥控系统的故障分析

遥控系统的常见故障有：
1) 遥控器不能执行所有动作。
2) 遥控器不能执行上锁或开锁指令。

1. 遥控器不能执行所有动作

按压遥控器各按键，仔细观察车辆的反应，中控门锁、喇叭、转向灯和车窗等都不能正常工作时，可能的故障原因如下：

1) 遥控器电池电量不足。遥控器由1个3V电池供电，拆卸电池，用万用表测量其电压，正常情况下应高于2.7V，如果过低则更换电池。

2) 车辆加装附件导致干扰。检查车辆是否加装了能产生无线电信号的电气装置，例如双声道收音机、电源逆变器和车载手机充电器等，可尝试断开加装附件后再操作遥控器。

3) 车辆周围有干扰。可以将车辆移动到其他位置再次尝试。

4) 遥控器芯片损坏。更换遥控器并匹配。

5) 遥控接收器损坏。更换相应的遥控接收器模块（BCM或PEPS）并匹配。

2. 遥控器不能执行上锁或开锁指令

按压遥控器各按键，如果灯光、喇叭和车窗等都有反馈，只有中控门锁不能动作，则说明遥控系统正常，导致用遥控器不能开锁或上锁的故障原因如下：

1) 中控系统故障。利用诊断仪动作测试功能或驾驶室内的中控开关来判断。

2) 车门没有完全关闭。通过观察仪表板上的车门开启指示灯，或利用诊断仪判断车门状态。

3) 点火开关在非OFF位。通过操作车身电气，或利用诊断仪判断电源状态。

3. 宝骏车型遥控系统电路分析

(1) 宝骏630遥控系统电路（图2-16）

宝骏630遥控系统的工作过程：遥控器的遥控距离为20m，按压遥控器芯片按键时，遥控器芯片将遥控信息以无线电形式发送出去。无线电信息被位于后风窗下的遥控接收器接收。遥控接收器接收无线电信号，按照不同的按键信息，发送给BCM X1插头12号或11号针脚，相应的波形如图2-17所示。BCM通过接收不同的波形信息，执行相应的动作，如开锁、落锁、寻车、开

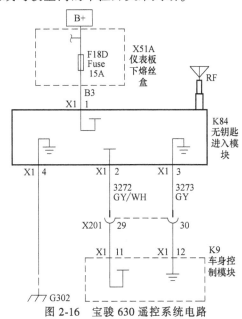

图2-16 宝骏630遥控系统电路

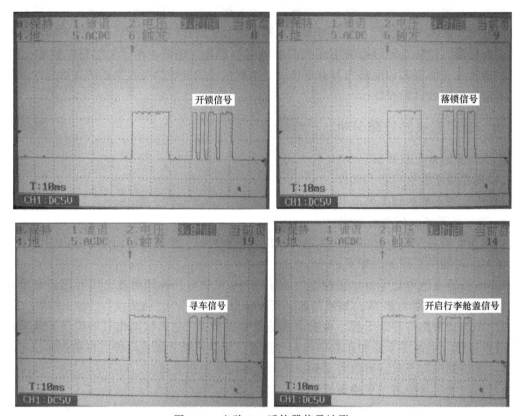

图 2-17 宝骏 630 遥控器信号波形

启行李舱盖。注意，BCM X1 插头的 11 号针脚始终为 10V 电压，按压遥控器时若波形无变化则断开该线，遥控器功能不受影响。

（2）宝骏 560 遥控系统电路（图 2-18）

系统的信号输入为遥控器发出的请求信息，BCM 接收到遥控器的请求信号后，驱动车门窗电动机、转向灯和喇叭等执行器工作。

4. 宝骏车型遥控系统故障分析

中控门锁系统出现的故障与遥控系统有关，因为两者共享一些基础组成部件。遥控系统一旦出现故障，应首先检查中控门锁系统是否正常。常见的系统故障原因有：电路故障、遥控接收器损坏、遥控器芯片损坏、遥控器电池电量不足和遥控器受干扰等。

宝骏 630 遥控系统故障分析：

宝骏 630 的遥控系统由 BCM 控制，因此可通过诊断仪读取故障码和数据流，并应用诊断仪的特殊功能排查故障。

但遥控系统没有单独的故障码列表，这表明中控门锁系统的故障码已经涵盖了可能导致遥控系统功能失效的故障信息，因此必须到车辆进入系统（中控门锁系统）内查询。遥控系统的数据流为"遥控门锁发射器电池状态"和"遥控门锁发射器功能"，它们表明了遥控器电池电量及遥控器执行工作情况等信息。

1）原始状态（没有操作遥控器）如图 2-19 所示。

2）锁定如图 2-20 所示。

第二章 安全与防护系统

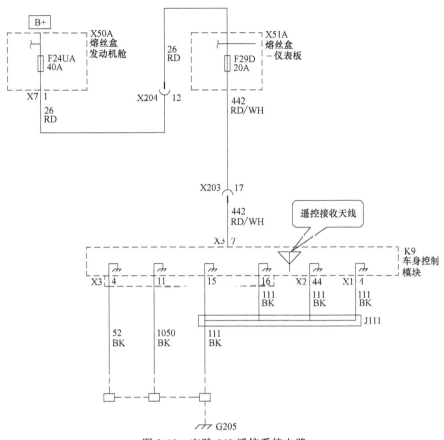

图 2-18 宝骏 560 遥控系统电路

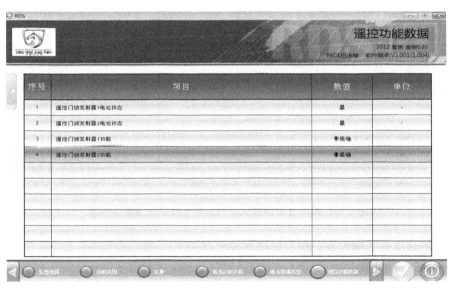

图 2-19 没有按压遥控器时的宝骏 630 遥控系统数据流

3）解锁如图 2-21 所示。

宝骏 630 遥控系统常见的故障为遥控器失效。如果是某一次功能失效，则有可能是遥控

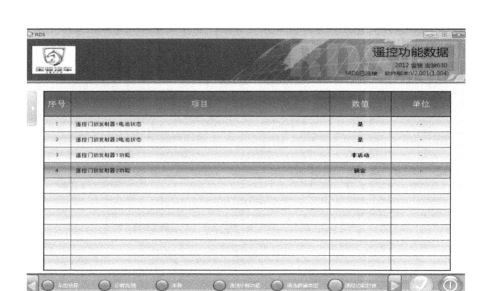

图 2-20　按压遥控器上锁时的宝骏 630 遥控系统数据流

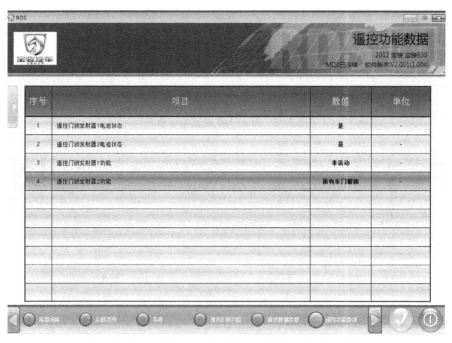

图 2-21　按压遥控器解锁时的宝骏 630 遥控系统数据流

器损坏。如果是所有功能失效,则可能的故障原因如下。

① 输入信号有问题。

a. 遥控器电量不足:拆解遥控器,测量电池电量。

b. 遥控器信号有干扰:将车辆置于空旷地带,重新操作遥控器。

c. 遥控器损坏:更换遥控器芯片,编程后重试。如果故障依旧,则查找电路及中控盒故障。

② 接收器或控制器故障

a. 遥控门锁接收器故障也会导致遥控器失灵，例如新车后风窗玻璃贴膜，导致水进入接收器内部，使遥控器失灵。

b. BCM 故障：如果 BCM 出现故障，则遥控器也会失灵。如果 BCM 版本不正确，则可能会导致遥控器无法使用。

③ 电路及其他故障：可以通过测量电路或使用诊断仪来判断。

第二节　车身防盗系统

车身防盗系统的作用是，用遥控器上锁后，如果有人非法打开车门、行李舱盖或点火开关，则控制喇叭鸣响、转向灯闪烁，如图 2-22 所示。

一、车身防盗系统的组成

如图 2-23 所示，车身防盗系统由以下部件组成：

1) 车身控制模块（BCM）。
2) 遥控发射器。
3) 4 个车门微开开关。
4) 行李舱盖微开开关。
5) 点火开关。
6) 左前车门门锁状态开关。
7) 转向灯。
8) 喇叭继电器。

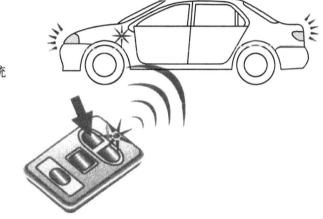

图 2-22　车身防盗系统

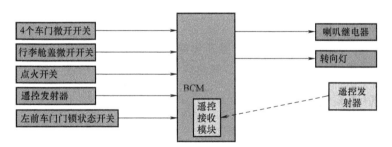

图 2-23　车身防盗系统组成

二、车身防盗系统的工作模式

车身防盗系统有以下工作模式：
1) 设置防盗警戒模式。
2) 解除防盗警戒模式。
3) 触发防盗警告模式。

4）解除防盗警告模式。

5）自动落锁。

1. 设置防盗警戒模式

进入防盗警戒的条件及操作：

1）点火开关置于 OFF 位。

2）关闭 4 个车门。

3）关闭行李舱盖。

如果以上条件全部满足，则按下遥控器上锁键 1 次，转向灯闪烁一次，30s 后进入警戒状态（用机械钥匙转动左前车门锁芯上锁，或手动按下左前车门门锁控制按钮，不能进入警戒状态）。如果连续按下遥控器上锁键 2 次，则直接进入警戒状态。

2. 解除防盗警戒模式

进入防盗警戒状态后，有以下正常解除方式：

1）按下遥控器开锁键。

2）用合法机械钥匙将点火开关置于 ON 位。

3. 触发防盗警告模式

以下任何一种操作，都会触发防盗警告模式：

1）非法打开车门。

2）非法打开行李舱盖。

3）用机械钥匙通过左前车门机械锁解锁车门锁电动机。

4）按下左前车门中控门锁按钮。

防盗警告模式触发后，喇叭鸣响、转向灯闪烁。

4. 解除防盗警告模式

满足以下任一条件即可解除防盗警告模式：

1）按下遥控器开锁键。

2）用合法机械钥匙将点火开关置于 ON 位。

5. 自动落锁

在上锁状态下，如果意外按下遥控器开锁键一次，则车门开锁。如果 60s 内未打开车门，则车门将自动落锁。喇叭鸣响 1 声，转向灯闪烁 1 次，30s 后进入防盗警戒模式。

三、车身防盗系统的故障分析

车身防盗系统常出现的故障有以下两类：

1）用遥控器锁车后，车辆无故触发防盗警戒模式。

2）无法用遥控器设置车身防盗警戒模式。

1. 车辆无故触发防盗警戒模式

导致用遥控器锁车后，车辆无故触发防盗警戒模式的原因如下：

1）车门微开开关调整不当。此开关调整不当，车门在受到外力作用时，就可能触发防盗警戒模式。该故障大多出现在车经过碰撞维修后。可关闭所有车门，在车内向外推动车门，同时观察仪表板上的车门开启指示灯是否点亮。如果发现指示灯点亮，则可能的故障原因是该门的微开开关调整不当。

2) 车门微开开关电路对搭铁短路。开关电路对搭铁短路可能触发防盗警戒模式。

3) 点火开关电路对电源短路。可通过在 BCM 的 ACC、ON 位电源电路测量电压来判断。点火开关置于 OFF 位时，正常情况下电压为零，如果有异常电压，则可能是对电源短路。

4) 中控开关或电路对搭铁短路。可通过用诊断仪观察数据流来判断中控开关电路是否故障。

5) 右前车门中控门锁状态开关及电路对搭铁短路。如果该电路对搭铁短路，则 BCM 会认为右前车门中控按钮被非法按下，进而触发防盗警戒模式。可通过用诊断仪观察数据流来判断中控门锁是否故障。在中控锁上锁状态下，其正常数据流的状态是上锁。

2. 无法设置车身防盗警戒模式

导致无法用遥控器设置车身防盗警戒模式的原因如下：

1) 没能满足遥控器上锁的条件。导致未满足遥控器上锁条件的原因可参考遥控系统故障诊断。

2) BCM 自身故障。BCM 自身故障导致不能成功设置车身防盗警戒模式时，可尝试更换 BCM。

四、车身防盗系统的应用实例

车身防盗系统以遥控系统和中控门锁系统为基础，通过中控门锁控制器或 BCM 内部独立的程序起作用。例如，在四车门门碰开关闭合、四车门关闭、用遥控器上锁的情况下，车身防盗系统可能立即进入警戒状态。一旦车门被非法打开，车身防盗系统就会触发警告，下面以宝骏 630 车身防盗系统为例说明。

1. 门碰开关

门碰开关是车身防盗系统的重要组成部分，它分布于四个车门，在电路上是并联关系，用来判断车门是否关闭。在车辆进入防盗状态后，一旦非法打开车门，车辆就会发出警告。

门碰开关的结构如图 2-24 所示，它由一个小回位弹簧控制。当车门打开时，开关闭合，电路与搭铁线接通。当车门完全关闭时，按钮将克服弹簧的弹力，将触点断开，进而使电路与搭铁线断开，门碰开关电路如图 2-25 所示。

图 2-24 门碰开关

2. 钥匙检测

用户使用机械钥匙转动位于左前车门外侧的机械锁芯，锁芯通过连杆带动位于左前车门

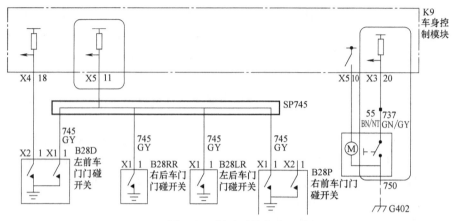

图 2-25 门碰开关电路

门锁电动机上的开关,产生 1 个搭铁信号。BCM 的 X5 插头 16 号针脚电路接收到信号后,判断钥匙是否合法。X4 插头的 20 号针脚电路作用同上,用来判断开启行李舱盖的机械钥匙是否合法,如图 2-26 所示。

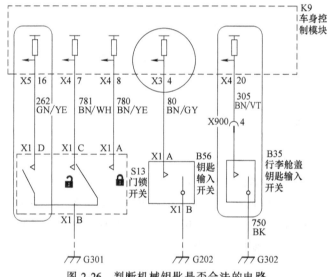

图 2-26 判断机械钥匙是否合法的电路

3. 进入防盗警戒模式的条件及操作

1)机械钥匙不在点火开关中。
2)关闭 4 个车门。
3)关闭行李舱盖。

以上条件全部满足时,按下遥控器上锁按键 1 次,转向灯闪烁 1 次,30s 后进入警戒状态(用机械钥匙转动左前车门锁芯上锁,或手动按下左前车门门锁控制按钮,均不能进入警戒状态);如果连续按下遥控器上锁键 2 次,则直接进入警戒状态。

4. 进入防盗警戒状态后的正常解除方式

1)按下遥控器开锁键。
2)按下遥控器行李舱盖开启键(持续约 1s)。

3) 用机械钥匙打开行李舱盖 (BCM X3 插头的 20 号针脚电路搭铁,判断机械钥匙合法)。

4) 用机械钥匙打开左前车门 (BCM X5 插头的 16 号针脚电路搭铁,判断机械钥匙合法)。

5) 带发动机防盗系统的车辆,用合法的机械钥匙打开点火开关(防盗验证通过)。

在开启行李舱盖的状态下,按下遥控器锁车键,车门上锁,转向灯闪烁 1 次,60s 后自动进入防盗备用状态。如果在 30s 内关闭行李舱盖,则车辆将在 $(30+X)$s 后自动进入防盗备用状态(X 代表从按下遥控器锁车键到关闭行李舱盖的时间)。

5. 触发防盗警戒状态的条件

1) 非法打开车门。

2) 非法打开行李舱盖。

3) 不带发动机防盗系统的车辆,用机械钥匙打开点火开关。

满足以上任一条件,即可触发防盗警戒状态。防盗警戒状态触发后的现象:前 10 次喇叭鸣响、转向灯闪烁间隔较长,之后间隔变短。

6. 解除防盗警戒状态需要的条件

1) 用机械钥匙打开左前车门。

2) 按下遥控器开锁键。

3) 带发动机防盗系统的车辆,用机械钥匙打开点火开关。

满足以上任一条件即可解除防盗警戒状态。

7. 自动落锁

在上锁状态下,如果意外按下遥控器开锁键一次,则车门开锁。如果 60s 内未打开车门,则车门将自动落锁。喇叭鸣响 1 声,转向灯闪烁 1 次,30s 后进入防盗警戒状态。

在开锁状态下,按下遥控器开锁键,60s 后,车门自动落锁,喇叭鸣响 1 声,转向灯闪烁 1 次,30s 后进入防盗警戒状态(按下寻车按键一次,不能落锁和进入防盗警戒状态)。

五、车身防盗系统与中控门锁和遥控系统的关系及故障分析

1. 三个系统的关系

通过车身防盗系统的工作特点可知,系统的工作离不开中控门锁系统和遥控系统的协作。车身防盗系统通过中控和遥控系统对车辆设防,同时还利用转向灯及喇叭进行警告。下面以宝骏 630 为例,说明三者间的关系。

1) 门碰开关。门碰开关常闭合故障会导致四车门无法上锁,遥控器起不到锁闭四个车门的作用,车身防盗系统无法使车辆进入防盗警戒状态。

2) 左前车门中控门锁开关可使四车门开锁或闭锁。按下遥控器上锁或解锁键时,中控门锁开关会随动。当车辆进入防盗警戒状态后,打开中控门锁开关使四车门解锁,此时一旦打开任一车门,就会立即触发防盗警戒状态。

2. 故障诊断

通过上述分析可知,车身防盗系统故障与中控门锁及遥控系统密切相关。因此,在对车身防盗系统进行故障分析时,一定要利用它们之间的关系,特别是宝骏 630,要善于读取数

据流（车身防盗系统的数据流在车辆进入系统，即"中控门锁系统"中），利用好车身模块的"特殊功能"来操作车辆，以尽快、准确地找到故障原因。

一般故障可使用以下方法进行检查。

（1）信号输入检查

1）检查四车门是否关严，或四车门门碰开关电路是否正常。关注故障产生时仪表板上的车门开启指示灯是否正常。

2）检查行李舱盖是否关严及行李舱盖开关电路是否正常。对宝骏630来说，可通过仪表板上的车门开启指示灯是否点亮来分析故障。宝骏乐驰的仪表板没有车门开启指示灯，因此需要实际测量开关和电路。

3）遥控器故障，参考遥控系统故障分析。

（2）执行器检查

喇叭及转向灯的工作状况可通过喇叭及灯光系统来检查。

（3）BCM检查

在输入信号没有问题，且执行器良好、电路正常的情况下，极有可能是BCM出现问题。

（4）利用三个系统之间的关系进行故障诊断与排除

下面是对宝骏630车身防盗数据流的展示。

1）按下一次遥控器上锁键，等待进入防盗警戒状态，如图2-27所示。

图2-27 按下一次遥控器上锁键数据流

2）连续按下两次遥控器上锁键，立即进入防盗警戒状态，如图2-28所示。

注意：车身防盗系统没有单独的数据显示区，其数据集合在中控门锁系统，即"车辆进入系统"的数据流中，如图2-29所示。

通过数据流可知车身防盗操作是否成功，有利于判断故障。

图 2-28 连续按下两次遥控器上锁键数据流

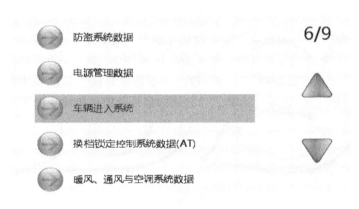

图 2-29 "车辆进入系统"界面

第三节 发动机防盗系统

为提升车辆的防盗性能,防止发动机被非法起动,目前大多数车辆都配有发动机防盗系统。在使用非法手段打开点火开关时,因发动机防盗系统不能识别合法钥匙芯片,ECM 将停止对点火和喷油系统的控制,阻止发动机起动,从而实现车辆防盗功能,如图 2-30 所示。

一、发动机防盗系统的组成

如图 2-31 所示,上汽通用五菱宝骏发动机防盗系统主要由以下部件组成:
1) 钥匙总成内的防盗芯片。

图 2-30 发动机防盗系统

2）防盗模块。
3）车身控制模块（BCM）。
4）发动机控制模块（ECM）。
5）防盗指示灯。
注意：不同车型的模块配置和安装位置可能存在差异。

图 2-31 宝骏发动机防盗系统的组成

1. 防盗芯片

防盗芯片总成也称钥匙应答器，位于钥匙总成内，被塑性物质封装，如图 2-32 所示。

防盗芯片内含有一个运算芯片和一个电磁线圈（图 2-33）。运算芯片出厂时写入唯一的 ID（身份）信息，且不可在后期擦除和更改。防盗芯片线圈在系统工作期间，与收发器线圈（识读线圈）一起完成 BCM 与运算芯片之间的信号及能量传输。图 2-34 所示为五菱宝骏车型钥匙防盗芯片。

图 2-32 宝骏 630 钥匙防盗芯片

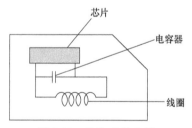

图 2-33 防盗芯片电路

点火开关打开后，在 BCM 作用下，收发器线圈周围建立起电磁场。防盗芯片线圈在该电磁场激励下提供运算芯片工作所需的电流，并在运算芯片与 BCM 之间传输各种数据，因此运算芯片不需要电池就能工作。

2. 防盗模块

防盗模块有多种称谓，例如识读线圈、防盗天线和阻断器等，它套装在点火开关锁芯上。

宝骏 630 的防盗模块实际上只是一个电磁线圈，其阻值为 5.5Ω，因此称为识读线圈更合适，从原理上也称应答天线。它只负责防盗芯片与 BCM 之间信号和能量的传输。防盗模块的励磁有效范围极小，只有 2~3cm，只能对插入点火开关锁芯的钥匙进行芯片读取与识别，这就排除了信息被截取或被临近其他钥匙（防盗芯片）干涉的可能，如图 2-35 所示。

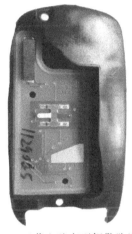

图 2-34 五菱宝骏车型钥匙防盗芯片

图 2-35 宝骏 630 的防盗模块

宝骏 730 的防盗模块实际上是一个 LIN 模块，可与 BCM 之间实现防盗信息的 LIN 网络传输，其作用与宝骏 630 的防盗模块相同，如图 2-36 所示。

如图 2-37 所示，防盗天线集成有一个 LIN 模块。LIN 线负责与 BCM 进行防盗信息交换，也用于驱动防盗天线产生磁场，给防盗芯片提供电能。

图 2-36 宝骏 730 的防盗模块

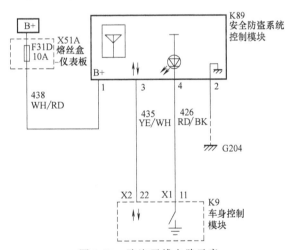

图 2-37 防盗天线电路示意

3. 车身控制模块（BCM）和发动机控制模块（ECM）

（1）车身控制模块（BCM）

图 2-38 所示为车身控制模块（BCM），它是发动机防盗系统的核心部件，扮演防盗器控制单元的角色，具有如下功能：

1）驱动功能：驱动收发器线圈输出电磁信号，提供防盗芯片工作所需电能。驱动仪表板的防盗指示灯。

2）运算功能：实现各种加密、解密算法，并进行数据比较。

3）通信功能：实现与防盗芯片的无线双向通信，以完成对钥匙的加密认证；CAN 网络通信，以完成对 ECM 的加密认证；实现与诊断仪之间的通信，以对整个系统的防盗装置进行匹配学习和故障诊断。

4）控制功能：完成整个系统的任务调度，控制管理各级通信。

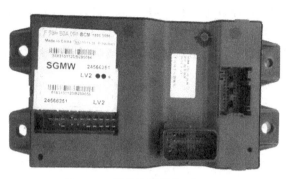

图 2-38　车身控制模块（BCM）

（2）发动机控制模块（ECM）

图 2-39 所示为发动机控制模块（ECM），其主要功能如下：

1）与 BCM 交换和验证信息。

2）控制喷油器、点火线圈的工作。

宝骏 630 的 ECM 除要与 BCM 交换和验证信息外，还控制起动机、喷油器及点火线圈的工作。宝骏 730 的 ECM 只控制喷油器和点火线圈，不控制起动机。

宝骏 560LV3（高配）带 PEPS 系统的车型，BCM 不参与发动机防盗系统工作，由 PEPS 系统负责。BCM、ECM 和 PEPS 都存储有防盗芯片的 ID 信息，这是在车辆出厂时或防盗编程后注册的。

图 2-39　发动机控制模块（ECM）

4. 防盗指示灯

图 2-40 所示为防盗指示灯。正常情况下，打开点火开头，在防盗系统自检过程中，指示灯点亮 2s 左右后熄灭。如果防盗系统出现故障，例如防盗芯片非法或失效、防盗芯片未进行防盗编程和防盗系统电路故障等，则会使防盗指示灯闪烁。如果 CAN 网络出现问题，则防盗指示灯会常亮。防盗系统出现故障，且 BCM 中出现故障码，防盗指示灯也会常亮。在防盗编程过程中，防盗指示灯会闪烁，这可作为防盗编程是否正常的判断依据。

如图 2-41 所示，宝骏 730 不带 PEPS 系统车型和五菱宏光 S1 车型发动机防盗系统由防盗芯片、防盗天线（LIN 模块）、BCM（防盗模块集成在 BCM 内部）、ECM 和 IPC 组成。

如图 2-42 所示，CN210MR 和宝骏 730 带 PEPS 系统车型发动机防盗系统由防盗芯片、车内天线、PEPS 模块（防盗模块集成在 PEPS 内部）、ESCL（电子转向锁）、ECM 和 IPC

图 2-40　防盗指示灯

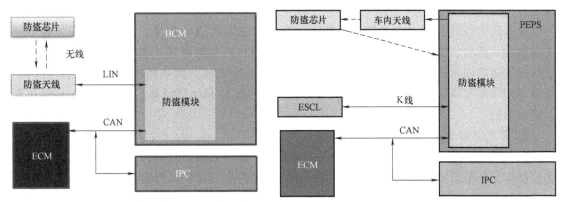

图 2-41　不带 PEPS 系统发动机防盗系统组成　　图 2-42　带 PEPS 系统发动机防盗系统组成

组成。

带 PEPS 系统车型相较不带 PEPS 系统车型，防盗系统多了一个 ESCL 参与防盗认证。

二、发动机防盗系统的工作原理

上汽通用五菱车型发动机防盗系统工作原理可分为两种情况。

第一种：每次发动机起动时，都需要钥匙、BCM 与 ECM 三者间进行多层次的密码验证，如图 2-43 所示。一旦验证通过，ECM 就会允许发动机起动，否则禁止起动机运转，且发动机不喷油、不点火。

图 2-43　发动机防盗系统原理（第一种情况）

第二种：每次发动机起动时，都需要钥匙、PEPS、ESCL 与 ECM 四者间进行多层次的密码验证，如图 2-44 所示。一旦验证通过，ECM 就会允许发动机起动，否则禁止起动机运转，且发动机不喷油、不点火。

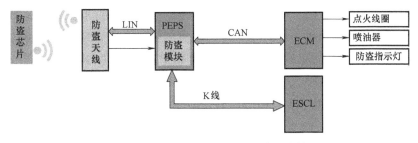

图 2-44　发动机防盗系统原理（第二种情况）

下面以不带 PEPS 系统的发动机防盗系统为例，分析钥匙芯片的防盗信息验证过程。

1. 固定码传输

点火开关打开，BCM 内的防盗控制单元通过改变天线磁场能量，向识读线圈传输数据提出质询。然后，钥匙发送固定码，即 ID 信息（首次匹配时存储在 BCM 中）。发送来的固定码与存储的固定码在 BCM 内的防盗控制单元中进行比较，如果相同则开始传送可变码，如果不相同则重新验证。如果最终验证结果不符，则防盗指示灯点亮。综上，固定码是用来识别钥匙的。

2. 可变码传送——防盗芯片与 BCM

BCM 内的防盗控制单元随机产生一个可变码，并传送给防盗芯片。可变码是钥匙和防盗控制单元开展运算的基础。在防盗芯片和 BCM 内各有一套公式列表（密码术公式）和一个相同且不可改写的 SK 码（隐秘的钥匙代码，在防盗编程的过程中形成，记录在钥匙、BCM 和 ECM 中）。防盗芯片和 BCM 利用公式分别计算随机数、ID 信息和 SK 码。钥匙将计算结果发送给 BCM，BCM 将该结果与自己的计算结果进行比较。如果相同则钥匙确认完成。如果不相同则重新验证。如果最终验证结果不符，则防盗指示灯点亮。

第一步和第二步的传送与验证过程可用图 2-45 来表示。

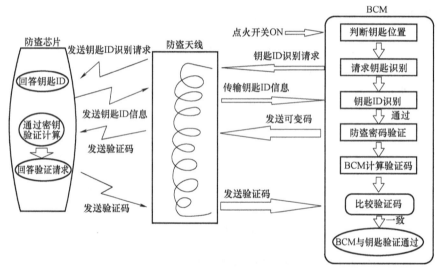

图 2-45　防盗系统信息验证原理—防盗芯片与 BCM

3. 可变码传送——ECM 与 BCM

ECM 随机产生一个可变码。在 ECM 和 BCM 内各有一套密码术公式列表和一个相同的 SK 码及 PIN 码。PIN 码是由整车厂通过 VIN 码算出的唯一身份识别码，用于防盗编程和防盗验证。PIN 码在车辆出厂时已经通过防盗编程存储在 ECM 和 BCM 中。

BCM 利用公式计算随机码、SK 码和 PIN 码，并将运算结果发送到 ECM 内，与 ECM 的计算结果进行比较。该数据由 CAN 总线进行传送，如图 2-46 所示。如果结果相同，则允许发动机起动，防盗指示灯熄灭。如果不相同则重新验证。如果最终验证结果不符，则防盗指示灯点亮。

4. 发动机防盗系统的工作过程

图 2-47 所示为发动机防盗系统信息验证过程，具体可分三步：

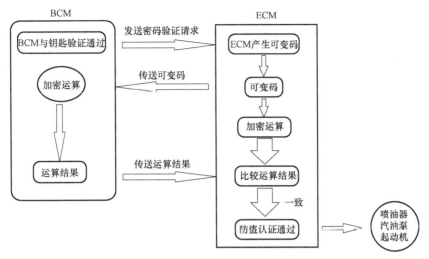

图 2-46 防盗系统信息验证原理—ECM 与 BCM

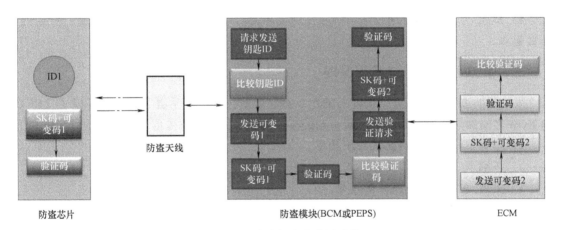

图 2-47 发动机防盗验证过程

1) BCM 识别钥匙 ID。
2) 钥匙与 BCM 认证。
3) BCM 与 ECM 认证。

(1) BCM 识别钥匙 ID

1) BCM 请求发送钥匙 ID。点火开关置于 ON 位，BCM 识别点火开关位置后，判断驾驶人可能要起动车辆。BCM 通过 LIN 总线向防盗天线发送一个请求钥匙发送 ID 信息的信号。防盗天线将信号转发给钥匙防盗芯片。

2) 钥匙发送 ID 信息给 BCM。钥匙防盗芯片接收到发送 ID 信息请求信号后，向防盗天线发送 ID 信息。防盗天线再将接收到的信息通过 LIN 总线传送给 BCM。

3) BCM 识别钥匙 ID 信息。BCM 将防盗天线传送来的钥匙 ID 信息与已匹配存储的信息对比，如果信息一致则执行下一步。否则认证终止，防盗不能通过。

(2) 钥匙与 BCM 认证

1) BCM 发送可变码给钥匙防盗芯片。BCM 通过防盗天线发送一个加密的可变码信息给防盗芯片。

2）防盗芯片接收到可变码后，通过内部的密钥和运算公式生成一个验证码，并通过防盗天线传送给 BCM。

3）在 BCM 发送可变码给防盗芯片的同时，其内部也通过密钥和运算公式算出一个验证码。

4）BCM 将从防盗天线传送来的验证码与自己运算生成的验证码进行比较，如果一致则钥匙与 BCM 认证通过，执行下一步。否则认证终止，防盗不能通过。

（3）BCM 与 ECM 认证

1）BCM 通过 CAN 总线发送认证钥匙信息给 ECM。ECM 接收到信息后产生一个可变码 2，并通过内部的密钥和运算公式生成一个新验证码。

2）ECM 同时将加密的可变码 2 发送给 BCM。BCM 接收到可变码 2 后，启动另一套运算公式和密钥计算生成新验证码，并将该验证码通过 CAN 总线传送给 ECM。

3）ECM 对自己生成的验证码与 BCM 传送的验证码进行验证。如果一致，则与 BCM 认证通过。否则认证终止，防盗不能通过。

4）ECM 与 BCM 认证通过后，解除发动机防盗。ECM 执行点火和喷油控制，发动机可正常起动。

三、发动机防盗系统匹配原理

发动机防盗系统认证通过的前提是在车辆起动前执行钥匙防盗芯片、防盗模块（BCM）与 ECM 之间的防盗信息匹配。不同状态的匹配过程，传送的防盗信息是不同的，具体如下：

1）车辆下线时发动机防盗系统状态。
2）车辆下线时发动机防盗系统匹配过程。
3）更换 BCM 后的防盗匹配过程。
4）更换 ECM 后的防盗匹配过程。
5）同时更换 BCM 和 ECM 后的防盗匹配过程。
6）添加钥匙防盗匹配过程。
7）删除钥匙防盗匹配过程。
8）模块防盗重置过程。

1. 车辆下线时发动机防盗系统状态

图 2-48 所示为防盗芯片、BCM 和 ECM 状态。

1）出厂时，每个钥匙均具有唯一的 ID 码。
2）BCM 和 ECM 无任何防盗信息。

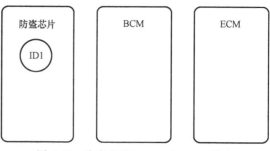

图 2-48　防盗芯片、BCM 和 ECM 状态

2. 车辆下线时发动机防盗系统匹配过程

1）BCM 生成 PIN 码。通过诊断仪连接厂家服务器，输入 VIN 码后可生成唯一的 PIN 码，配对的 VIN 码与 PIN 码保存在数据库中。

2）BCM 写入 ECM 信息。诊断仪将 PIN 码写入 BCM 时，BCM 生成随机的 SK 码，BCM

把生成的 SK 码及 PIN 码写入 ECM 内保存,如图 2-49 所示。

3) BCM 与防盗芯片的信息写入。BCM 读取防盗芯片的 ID 信息并保存,同时将 SK 码写入防盗芯片,如图 2-50 所示。注意:防盗芯片只能被写入一个 SK 码,且不可擦除,即防盗芯片与车辆一一对应。

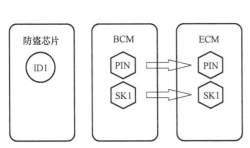

图 2-49　BCM 写入 ECM 信息时各部件的状态

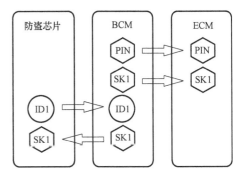

图 2-50　BCM 与防盗芯片的信息写入各部件的状态

在发动机防盗系统匹配过程中,钥匙防盗芯片、BCM 和 ECM 中会形成密钥,并在 BCM 和 ECM 中存储 PIN 码,在钥匙防盗芯片和 BCM 中存储芯片 ID 信息。在车辆进行发动机防盗验证过程中,要通过计算来验证这些信息。如果信息不对,或不存在,或验证信息不能传送,则防盗验证无法通过。因此,防盗匹配是防盗验证通过的基础,合法而又工作良好的钥匙、BCM 和 ECM 是防盗验证通过的关键,而良好的识读线圈和电路是开展防盗验证的必需条件。更换钥匙、BCM 和 ECM 中的任何一个,都必须进行防盗匹配。

3. 更换 BCM 后的防盗匹配过程

1) 如图 2-51 所示,BCM 通过 VIN 码从诊断仪获取 PIN 码。

2) BCM 的 PIN 码与 ECM 内存储的 PIN 码作比较,验证一致后,BCM 从 ECM 内获取 SK 码。

3) BCM 从钥匙防盗芯片内获取 ID 码。

4. 更换 ECM 后的防盗匹配过程

1) 如图 2-52 所示,BCM 通过 VIN 码从厂家服务器获取 PIN 码,并与自身存储的 PIN 码作比较。

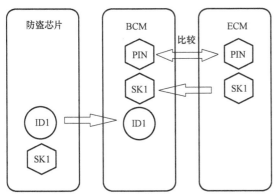

图 2-51　更换 BCM 后的防盗匹配

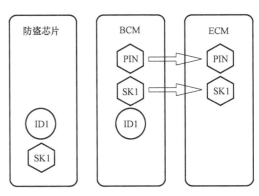

图 2-52　更换 ECM 后的防盗匹配

2) BCM 验证 PIN 码一致后，ECM 从 BCM 内获取 SK 码和 PIN 码。

5. 同时更换 BCM 和 ECM 后的防盗匹配过程

1) 如图 2-53 所示。BCM 通过 VIN 码从厂家服务器获取 PIN 码，并与自身存储的 PIN 码作比较。

2) 同时更换 BCM 和 ECM 时，在 BCM 内生成新 SK 码。

3) BCM 将 PIN 码和 SK2 码写入 ECM。

4) 原防盗芯片 SK1 码不能被改写，匹配失败。

6. 添加钥匙防盗匹配过程

1) 如图 2-54 所示，BCM 通过 VIN 码从厂家服务器获取 PIN 码，并与自身存储的 PIN 码作比较。

2) 验证一致后 BCM 将 SK 码写入钥匙。

3) 验证一致后 BCM 从钥匙防盗芯片内获取 ID 信息。

7. 删除钥匙防盗匹配过程

1) 如图 2-55 所示，BCM 通过 VIN 码从厂家服务器获取 PIN 码，并与自身存储的 PIN 码作比较。

2) 验证一致后 BCM 将原有的钥匙 ID 信息全部清除。

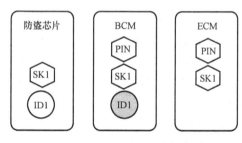

图 2-53 同时更换 BCM 和 ECM 后的防盗匹配

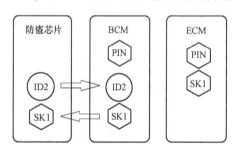

图 2-54 添加钥匙防盗匹配

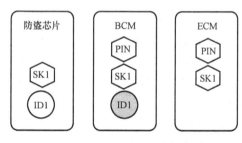

图 2-55 删除钥匙防盗匹配

8. 模块防盗重置过程

1) 如图 2-56 所示，日常维修时，以替换模块方式进行诊断时，更换模块前需要进行防盗重置。

2) 模块通过 VIN 码从诊断仪获取 PIN 码，并与自身存储的 PIN 码作比较。

3) BCM 验证 PIN 码一致后，诊断仪通过复位功能，对模块内的 PIN 码、SK 码和 ID 信息进行清除，使模块可用于其他车辆。

四、发动机防盗系统故障分析

发动机防盗系统常见故障是防盗认证不通

防盗芯片　　BCM　　ECM

图 2-56 模块重置

过，此时仪表板上的防盗指示灯通常会点亮，同时对应的模块可能报相关故障码。导致防盗认证不通过的故障原因分为5大类：

1) 钥匙防盗芯片、BCM 和 ECM 未匹配。
2) BCM 相关故障。
3) ECM 相关故障。
4) 钥匙防盗芯片相关故障。
5) 防盗信息传输故障。

1. 钥匙防盗芯片、BCM 和 ECM 未匹配

全新状态的 ECM，即使没有做防盗匹配，也允许发动机运行一定次数（大多为256次）。因此维修中可能遇到更换 ECM 未匹配导致运行一段时间出现防盗认证不通过的情况，此时应尝试重新匹配防盗。

2. BCM 相关故障

1) BCM 供电（电源、搭铁）故障。
2) BCM 不能识别点火开关的位置。
3) BCM 自身故障。尝试通过更换和匹配来验证是否是 BCM 自身故障。

3. ECM 相关故障

1) ECM 供电（电源、搭铁）故障。
2) ECM 不能识别点火开关的位置。
3) ECM 自身故障。尝试通过更换和匹配来验证是否是 ECM 自身故障。

4. 钥匙防盗芯片相关故障

1) 钥匙内部没有防盗芯片。
2) 钥匙防盗芯片曾经被匹配过或不是该车的防盗芯片。更换新钥匙并匹配。
3) 钥匙防盗芯片自身故障。更换新钥匙并匹配。

注意：目前所有钥匙防盗芯片，只要匹配成功，就只能应用到一辆车上，因此匹配时要慎重。

5. 防盗信息传输故障

1) 防盗天线供电（电源、搭铁）故障。
2) 防盗天线自身故障，更换。
3) LIN 总线故障（开路、搭铁、对电源短路）。
4) CAN 总线故障（开路、搭铁、对电源短路、两根线之间短路、两个终端电阻失效等）。
5) 电磁干扰。检查车内是否有电磁干扰源，移除后加装的附件进行验证。此外，也可能是车辆周围有磁场干扰，可将车辆移动到其他地方再次起动后尝试匹配。

注意：如果发动机因其他原因，例如空燃比异常、点火异常等不能成功起动，则仪表板也会显示发动机防盗认证失败。这只是一种假象，因此在车辆不能正常起动，且防盗指示灯点亮、仪表板显示防盗认证未通过时，仍需按发动机不能起动故障进行分析诊断。

五、发动机防盗系统故障诊断实例

1. 宝骏 630 的防盗系统电路分析

宝骏 630 的防盗系统电路如图 2-57 所示。宝骏 630 的防盗控制模块实际上是一个电磁线圈，传输的是交流信号。在蓄电池满电的情况下，不插入钥匙时，两个电路的信号波形完全一致，只是振幅不同，如图 2-58 所示。

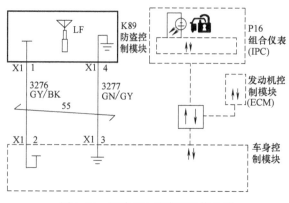

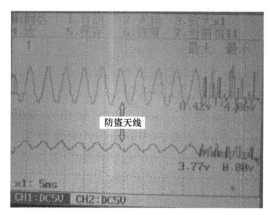

图 2-57 宝骏 630 的防盗系统电路　　　　图 2-58 宝骏 630 识读线圈波形

2. 宝骏 730 的防盗系统电路分析

宝骏 730 的防盗系统电路如图 2-59 所示。防盗控制模块通过 BCM X2 插头的 22 号针脚传输数字信号，如图 2-60 所示。

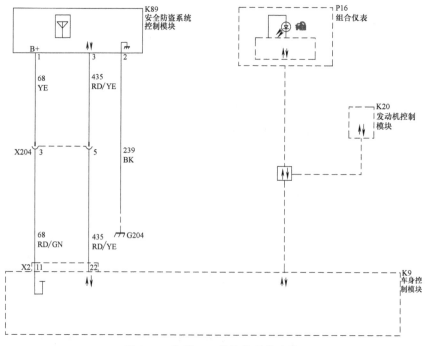

图 2-59 宝骏 730 的防盗系统电路

3. 发动机防盗系统故障诊断（以宝骏 630 为例）

发动机防盗系统故障主要表现为认证未通过，导致发动机无法起动，如图 2-61 所示。典型故障码诊断方法如下。

1) DTCB397600：无线电频率收发器未配置。

① 电路/系统说明：当 BCM 处于读入编码钥匙状态时，检查当前钥匙，确保其已经配置为正确车辆钥匙。

② 故障诊断：使用诊断仪查看故障码时，尝试使用所有可用钥匙起动车辆。使用所有可用钥匙时，车辆都应起动。如果有任一钥匙不能起动，且显示故障码 DTCB3976，则应重新对钥匙进行防盗编程，或更换相应钥匙后编程。

2) DTCP0513：防盗模块钥匙不正确；DTCP0633：防盗模块钥匙未编程；DTCP1631：防盗模块燃油起动信号错误；DTCP1649：防盗模块安全码未编程。

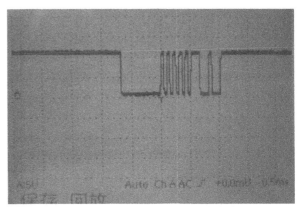

图 2-60 宝骏 730 的防盗信号波形

图 2-61 发动机防盗系统故障原因

① 运行故障码的条件：

DTC P0513：发动机控制模块处于校验口令核对过程中。

DTC P0633 或 DTC P1649：发动机控制模块处于学习状态。

DTC P1631：点火开关打开，发动机未运行。

② 设置故障码的条件：

DTC P0513：检测到接收的校验口令计算结果与预期不匹配。

DTC P0633：检测到发动机控制模块中的密钥未编程。

DTC P1631：检测到接收的安全码不正确。

DTC P1649：检测到发动机控制模块安全码未编程

3) 设置故障码时采取的操作：

① 发动机控制系统进入燃油切断状态，发动机不能起动。

② 组合仪表上的防盗指示灯点亮。

通过上述分析可知，故障原因有可能是发动机 ECU 未进行防盗验证。

执行"防盗模块重新读入"程序，即发动机防盗编程。如果发动机控制模块不能完成读入或车辆仍不能起动，则在更换发动机控制模块后重新进行防盗编程。

4) 识读线圈断路时的故障码，如图 2-62 所示。

4. 发动机防盗系统数据流

1) 钥匙合法，如图 2-63 所示。

2) 钥匙非法，如图 2-64 所示。

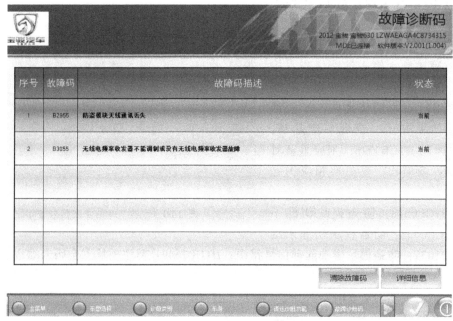

图 2-62 识读线圈断路时的故障码

图 2-63 发动机防盗系统数据流（钥匙合法）

3）识读线圈、电路故障及钥匙失效，如图 2-65 所示。

六、不带 PEPS 系统车辆的防盗匹配

如图 2-66 所示，不带 PEPS 系统的车辆在以下情况下，需执行防盗系统匹配操作：
1）更换带防盗芯片的钥匙总成。
2）添加钥匙。

图 2-64　发动机防盗系统数据流（钥匙非法）

图 2-65　发动机防盗系统数据流（识读线圈、电路故障及钥匙失效）

3）更换 BCM。

4）更换 ECM。

在"刷新与匹配"界面中选择"防盗匹配"。注意：对于不带 PEPS 系统的车辆，遥控器和发动机防盗匹配是同时完成的。

1. 模块匹配

如图 2-67 所示，不带 PEPS 系统的车辆在以下情况下，需执行模块匹配操作：

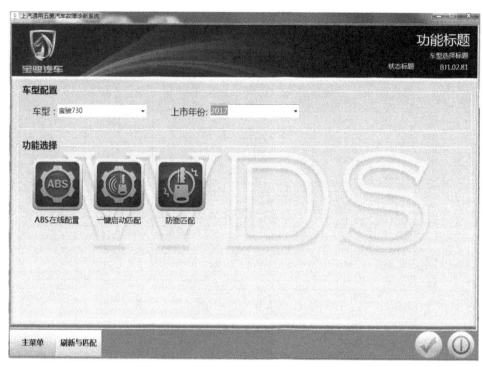

图 2-66　不带 PEPS 系统车辆的防盗匹配

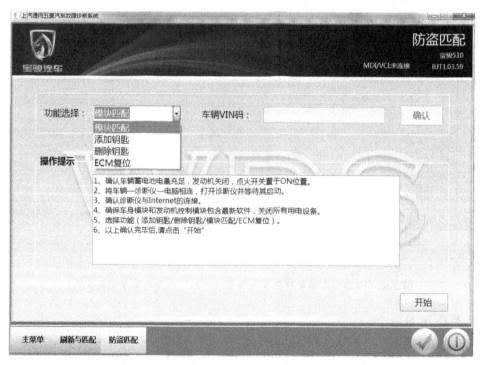

图 2-67　模块匹配

1）更换全新状态的 BCM。
2）更换全新状态的 ECM。

3）同时更换全新状态的 BCM 和 ECM。

选择"模块匹配",读取 VIN 码,按照诊断仪的提示进行匹配。

2. ECM 复位

如图 2-68 所示,不带 PEPS 系统的车辆,要使 ECM 模块应用于其他车辆,则必须先在原车上进行 ECM 复位。ECM 复位后的状态是全新状态,与没有被编程的状态是一致的。

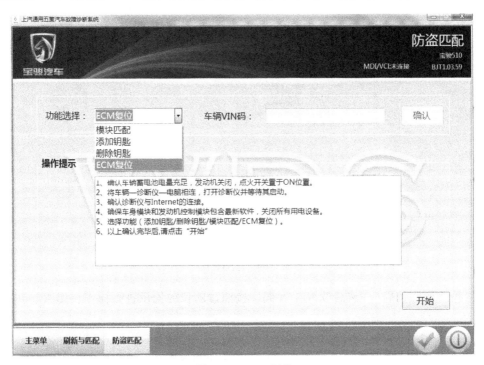

图 2-68　ECM 复位

选择"ECM 复位",然后读取 VIN 码,按照诊断仪的提示进行操作。

3. 添加钥匙原钥匙有效

不带 PEPS 系统的车辆,如果想添加一把钥匙,并使原钥匙仍然有效,则在匹配钥匙时选择"添加钥匙",然后读取 VIN 码,按照诊断仪的提示进行匹配。原钥匙不用匹配仍然有效,如图 2-69 所示。也可对之前已经删除的钥匙进行重新匹配。

注意:

1）如果用户丢失一把钥匙,则先执行删除钥匙操作,再执行原钥匙的添加和新钥匙的添加操作。

2）由于钥匙的 SK 码不能被反复改写,一旦钥匙匹配成功,就只能应中于对应 VIN 码的车辆。

3）匹配操作只是使丢失的钥匙不能用遥控功能打开车门和起动发动机,但机械钥匙仍然可以打开左前车门,因此为安全起见,用户丢失一把或所有钥匙后,应更换全车锁芯及钥匙。

4. 删除钥匙

不带 PEPS 系统的车辆,如果客户丢失一把或全部钥匙,且想让原钥匙失效,则在匹配

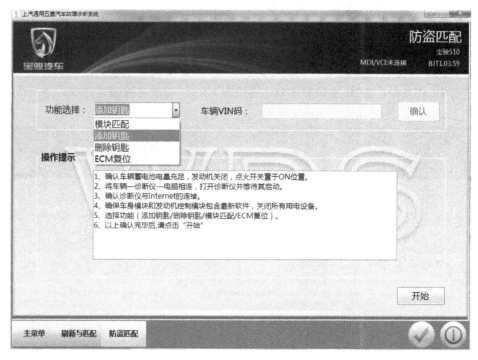

图 2-69　添加钥匙

钥匙时选择"删除钥匙",然后读取 VIN 码,按照诊断仪的提示进行操作,如图 2-70 所示。

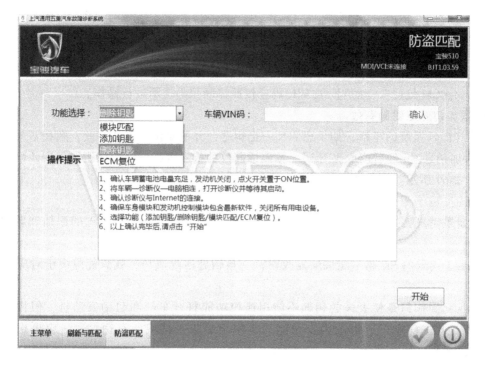

图 2-70　删除钥匙

第四节 PEPS 系统

一、PEPS 系统的功能

PEPS 系统即无钥匙进入及一键起动系统（图 2-71），它具有以下功能：
1）无钥匙解锁。
2）无钥匙上锁。
3）无钥匙开启行李舱盖。
4）无钥匙电源管理。
5）无钥匙转向盘上锁或解锁。

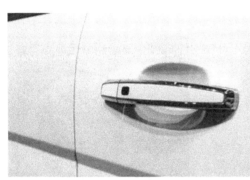 

图 2-71 PEPS 系统

1. 无钥匙解锁（图 2-72）

1）用户携带智能钥匙进入车辆信号检测区域（车辆方圆 1.5m 内），按下车门把手开关。
2）PEPS 系统判断钥匙是否合法。
3）PEPS 系统判断钥匙是否在被按压的车门把手开关附近。
4）执行四门开锁。
5）作为向用户的反馈，转向灯闪烁一次，后视镜自动展开。

2. 无钥匙上锁（图 2-73）

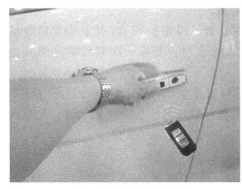 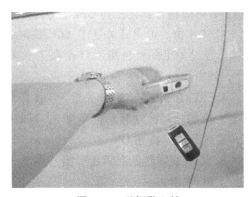

图 2-72 无钥匙解锁　　　　　　图 2-73 无钥匙上锁

1) 用户携带智能钥匙进入车辆信号检测区域,按下车门把手开关。
2) PEPS 系统判断钥匙是否合法。
3) PEPS 系统判断钥匙是否在被按压的车门把手开关附近。
4) PEPS 系统判断电源状态是否为 OFF。
5) PEPS 系统检查车内是否有合法钥匙。
6) PEPS 系统判断所有车门及行李舱盖是否关闭。
7) 执行四门上锁。
8) 作为向用户的反馈,转向灯闪烁两次,后视镜自动收折。

3. 无钥匙开启行李舱盖（图 2-74）

1) 用户携带智能钥匙进入车辆信号检测区域,按下行李舱盖开关。
2) PEPS 系统判断智能钥匙是否在车外且认证合法。
3) 执行行李舱盖开启。

图 2-74 无钥匙开启行李舱盖

图 2-75 点火开关

4. 无钥匙电源管理（图 2-75）

1) 点火开关置于 OFF 位时,车辆电源关闭。音响显示屏不点亮,组合仪表仅有车门未关警告灯在车门打开时点亮。

2) ACC 位。点火开关置于 OFF 位时,按下起动键,可切换到 ACC 位状态。起动键上的橙色工作指示灯点亮。此时,部分电器电源接通,如音响和点烟器。若不进行任何操作,则 1h 后系统将自动转换到 OFF 位状态,以减少耗电量。

3) ON 位。点火开关置于 ACC 位时,按一次起动键,可切换到 ON 位状态。组合仪表点亮,起动键上的橙色指示灯点亮。点火开关置于 ON 位时,若按一次起动键（无其他操作）,则可切换到 OFF 位状态。

4) START 位。点火开关置于 ON 位时,将变速杆置于空档,踩下离合器踏板（手动档车型）或制动踏板（自动档车型）,起动键上的绿色指示灯点亮。按一次起动键,发动机起动,点火开关保持在 ON 位。

5. 无钥匙转向盘上锁或解锁（图 2-76）

上锁:

1) 点火开关置于 OFF 位,打开左前车门,延时 2s 上锁。

2）点火开关置于 OFF 位，不打开左前车门，延时 30s 上锁。

解锁：点火开关置于非 OFF 位，转向盘解锁。

二、PEPS 系统的组成

如图 2-77 所示，PEPS 系统主要由以下部件组成：

1）智能钥匙。
2）车门把手开关及天线。
3）行李舱盖开关。
4）车内和行李舱盖天线。
5）点火开关。
6）OFF、ACC、ON 电源管理。
7）START 电源管理。
8）PEPS 模块。
9）ESCL 模块。
10）BCM 模块。
11）ECM 模块。

图 2-76　转向盘锁定状态

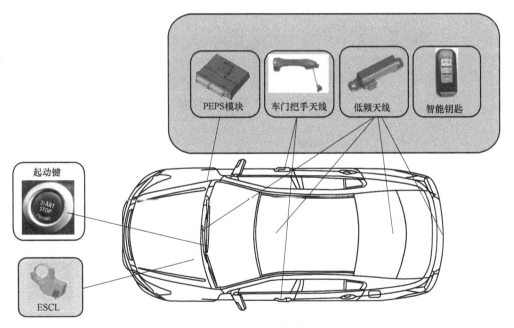

图 2-77　PEPS 系统组成

1. 智能钥匙

如图 2-78 所示，智能钥匙是 PEPS 系统的重要元件，其主要作用如下：

1）接收天线低频信号。

2) 被动发射高频信号（无钥匙操作）。
3) 主动发射高频信号（按压按键）。
4) 应急发送发动机防盗信息。

智能钥匙由以下部件组成：
1) 遥控发射器。
2) 防盗芯片。
3) 应急天线。
4) 电池。
5) 机械钥匙。

2. 车门把手开关及天线

车门把手开关的作用是向 PEPS 模块提供驾驶人按压开关的请求信号。

图 2-78　智能钥匙

车门把手总成内集成有天线，如图 2-79 所示。其作用为：发射低频信号给智能钥匙，作用距离在车辆方圆 1.5m 范围内；当智能钥匙接收到低频信号后，会主动发送自身的高频信息，由对应的门把手天线接收后传输给 PEPS 模块。图 2-80 所示为车门把手开关及天线电路。

图 2-79　车门把手开关及天线

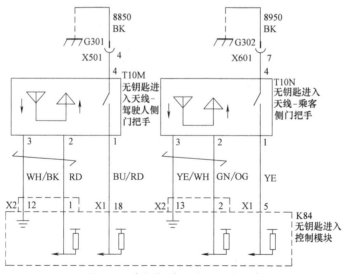

图 2-80　车门把手开关及天线电路

3. 行李舱盖开关

行李舱盖开关是独立模块，它受到按压时会向 PEPS 模块发送负触发信号，如图 2-81 所示。图 2-82 所示为行李舱盖开关总成及其电路。

4. 车内和行李舱盖天线

车内天线的作用：当驾驶人按压点火开关时，PEPS 模块通过车内天线发射一个低频信号，其有效范围在方圆 1.5m 之内，智能钥匙接收该信号后会发射钥匙信息给 PEPS 模块，以识别钥匙合法性，如图 2-83 所示。为识别车内是否有合法钥匙，宝骏 560 的车内共安装有 3 个天线。

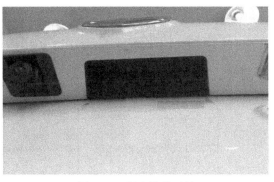

图 2-81　行李舱盖开关

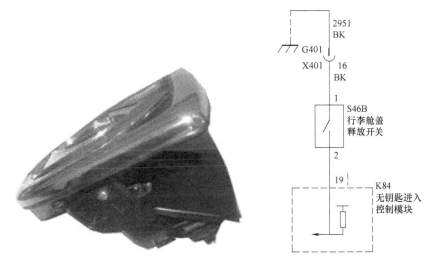

图 2-82　行李舱盖开关总成及其电路

图 2-83　车内和行李舱盖天线

行李舱盖天线的作用：在驾驶人开启行李舱盖时，PEPS 模块通过行李舱盖天线发射一个低频信号，其有效范围为方圆 1.5m 左右，位于有效范围内的智能钥匙会发射一个高频信号给 PEPS 模块。

图 2-84 所示为车内和行李舱盖天线电路。

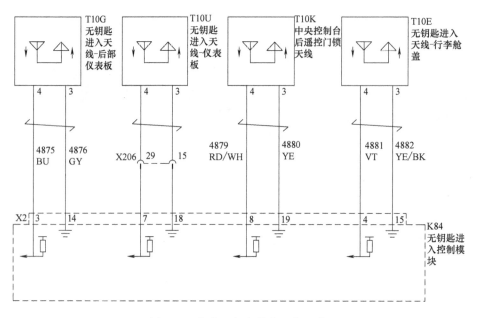

图 2-84 车内和行李舱盖天线电路

5. 点火开关

如图 2-85 所示,点火开关的作用如下:

1) 向 PEPS 模块反馈驾驶人按压开关的请求信号。

2) 通过不同位置的指示灯和灯的颜色向驾驶人反馈钥匙是否合法,或电源管理状态。

3) 在应急起动时充当应急天线。

点火开关由以下部件组成:

1) 橙色指示灯。

2) 绿色指示灯。

3) 背景灯。

4) 2 个开关。

5) 应急起动天线。

图 2-85 点火开关

点火开关电路如图 2-86 所示,点火开关的应急起动天线为一个 LIN 模块,它通过 LIN 线向 PEPS 模块传输钥匙信息,其工作原理与宝骏 560 LV1/LV2 和宝骏 730 点火开关周围的防盗天线一致。

点火开关背景灯点亮的条件:

1) 小灯打开。

2) 左前车门由关闭到打开后 60s。

3) 点火开关置于 ACC 位或 ON 位。

点火开关橙色指示灯点亮条件:点火开关置于 ACC 位或 ON 位(发动机关闭)。

点火开关绿色指示灯点亮条件:满足起动条件(有钥匙,踩下制动踏板或离合器踏板)。成功起动后,绿色和橙色指示灯均应立即熄灭。

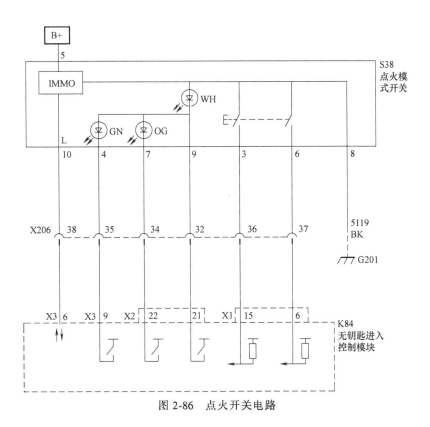

图 2-86 点火开关电路

6. OFF、ACC、ON 电源管理

车辆电源的状态通过 PEPS 系统控制的 3 个继电器来控制。图 2-87 所示为 OFF、ACC、ON 电源管理电路，电路中的各点火继电器工作时，分别代表不同状态，如图 2-88 所示，具体见表 2-2。

拔下熔丝盒中的点火 0 号继电器或点火 2 号继电器，发动机可以起动；拔下点火 1 号继电器，发动机无法起动。

表 2-2 PEPS 系统控制的 3 个继电器状态

名　　称	含　　义
点火 0 号继电器	相当于 IGN Ⅰ/Ⅱ（ACC）
点火 1 号继电器	相当于 IGN Ⅱ（ON）
点火 2 号继电器	相当于 IGN Ⅱ/Ⅲ（ON/START）

7. START 电源管理

START 电源管理示意如图 2-89 所示。当 PEPS 模块判断满足驾驶条件时，通过变速器上的空档开关向起动继电器线圈供电，起动机即可运转。同时，PEPS 模块为安全起见会监测变速器当前是否置于空档，如果未置于空档，则不再向起动继电器供电。

8. PEPS 模块

如图 2-90 所示，PEPS 模块具有以下作用：

1) 接收 3 个车门把手开关、点火开关信号。
2) 发射低频信号激活 6 个天线。

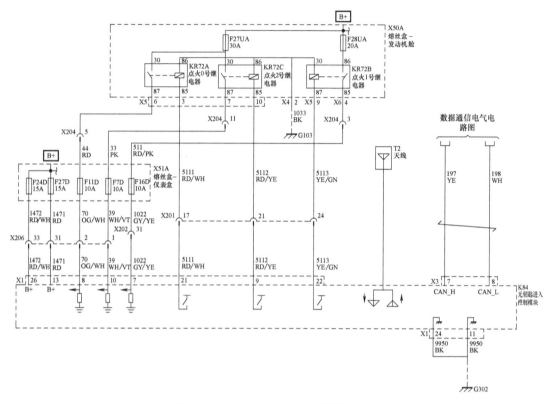

图 2-87　OFF、ACC、ON 电源管理电路

3）接收高频信号。

4）与其他模块一起参与防盗信息合法性识别。

5）电源管理。

6）向 ESCL 发送工作请求。

7）向 BCM 发送执行信号（门锁、灯光、喇叭、后视镜和车门窗等）。

8）接收档位、离合器（MT）和制动（AT）开关信号。

9）自诊断。

9. ESCL 模块

图 2-88　ACC、ON 电源管理继电器

配置有 PEPS 功能的车辆，转向盘的开锁和上锁由 ESCL 模块（即电子转向盘锁）进行控制，如图 2-91 所示。ESCL 的作用包括上锁、解锁转向盘，与发动机模块、PEPS 模块共同识别钥匙是否合法。

1）转向盘内有一个电动机通过正、反向供电执行解锁和开锁操作，如图 2-92 所示。该电动机由 ESCL 模块控制。

2）ESCL 模块通过锁舌位置传感器监测转向盘上锁、开锁时的锁舌状态，如图 2-93 所示。该传感器为霍尔式。

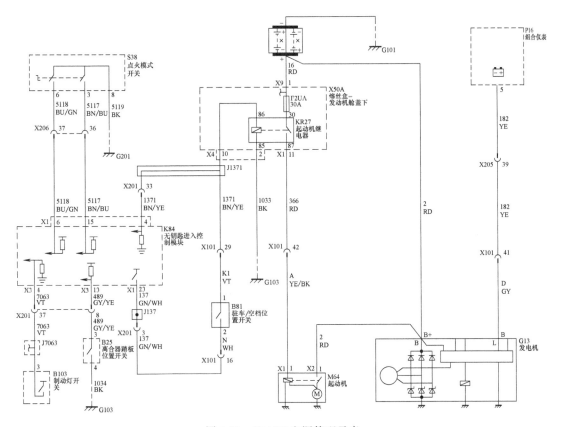

图 2-89 START 电源管理示意

图 2-90 PEPS 模块

图 2-91 ESCL 模块

3) 转向盘内的转速传感器用于检测电动机的转速, 进而判断其是否正常工作。

ESCL 模块控制电路如图 2-94 所示。

电子转向锁控制:

1) ESCL 模块与 PEPS 模块直接通过 K 线进行信息传输, 其传输的信息包含防盗信息、转向盘锁状态和诊断信息等。

2) 转向盘锁的电源和搭铁由 PEPS 模块提供, 但不是始终提供。

图 2-92 ESCL 电动机

图 2-93 锁舌位置传感器

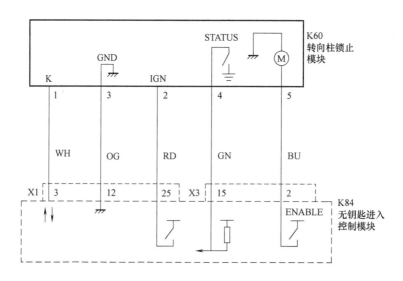

图 2-94 ESCL 控制电路

3) ENABLE 指使能线,只有 PEPS 模块向该线提供信号后,ESCL 模块才能工作。

4) STATUS 指锁芯的限位开关信号线,向 PEPS 模块反馈电动机是否到位。如果到位则不再控制电动机运转。

10. BCM 模块

如图 2-95 所示,BCM 模块接收来自 PEPS 模块的 CAN 网络信号,直接控制车门锁电动机进行开锁和落锁动作。同时,BCM 作为 PEPS 模块工作状态的反馈指示执行器,控制转向灯闪烁、后视镜收折或展开和喇叭鸣响等。

注意:BCM 模块不参与遥控器的识别和防盗信息的识别,这与不带 PEPS 系统车辆的功能有所不同。

11. ECM 模块

如图 2-96 所示,ECM 模块是发动机系统的主控模块,除负责发动机管理外,还是防盗系统的组成部件,在与 PEPS 模块进行防盗信息验证后,控制发动机起动。

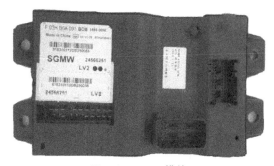

图 2-95　BCM 模块

图 2-96　ECM 模块

三、PEPS 系统的工作原理

1. 无钥匙解锁

如图 2-97 所示，无钥匙进入功能的实现分成以下 6 步进行：

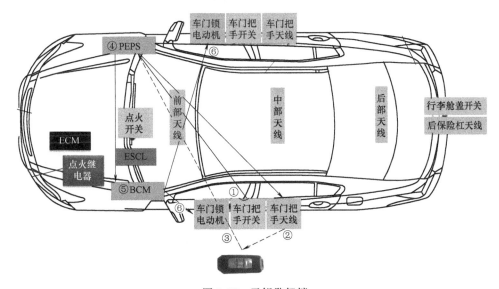

图 2-97　无钥匙解锁

1）请求信号。按压车门把手开关或行李舱盖开关，给 PEPS 模块发送一个低电位信号。

2）搜寻钥匙。当 PEPS 模块接收到驾驶人按压车门把手或行李舱盖开关信号后，必须识别该车门把手附近有无合法钥匙。此时，PEPS 模块激活对应车门把手天线或行李舱盖天线，该天线会发射一个低频信号。

3）钥匙应答。当位于车门把手附近 1.5m 范围内的智能钥匙接收到低频信号后，会主动发送包含自身 ID 和防盗密钥等信息的高频信号。

4）定位认证。PEPS 模块接收到高频信号后，结合当前激活天线的位置，确定智能钥匙位置，并将接收到的信息与已储存的智能钥匙信息进行对比，如果信息一致则判断为合法，可进行下一步操作。如果不合法则到此终断，不再进行后续操作。

5）指令 BCM 模块。PEPS 模块完成智能钥匙定位且认证通过后，通过 CAN 线向 BCM

模块发送一个开锁请求指令信息。

6）车门锁电动机动作。BCM 模块接收到开锁请求指令后，执行开锁动作，同时解除车身防盗，并控制转向灯闪烁，后视镜展开。

2. 无钥匙上锁

如图 2-98 所示，无钥匙上锁功能的实现过程与解锁相似，分成以下 6 步：

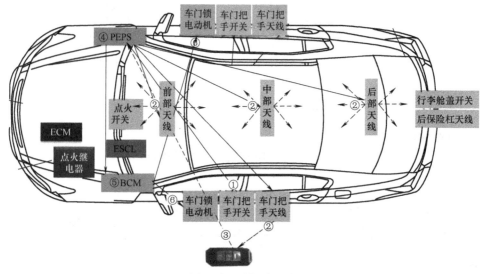

图 2-98 无钥匙上锁

1）请求信号。按压车门把手开关或行李舱盖开关，给 PEPS 模块发送一个低电位信号。

2）搜寻钥匙。当 PEPS 模块接收到驾驶人按压车门把手的信号后，必须识别该车门把手附近有无合法钥匙。此时，PEPS 模块激活对应车门把手天线和车内 3 个天线。激活车内天线是为了判断车内是否有合法钥匙，如果有合法钥匙则不会执行上锁操作，目的是防止将钥匙锁在车里。

3）钥匙应答。当位于车门把手 1.5m 范围内的智能钥匙接收到低频信号后，会主动发送包含自身 ID 和防盗密钥等信息的高频信号。

4）定位认证。PEPS 模块接收到高频信号后，结合当前激活天线的位置，确定智能钥匙位置，并将接收到的信息与已储存的智能钥匙信息进行对比，如果信息一致则判断为合法，可进行下一步操作。如果不合法则到此终断，不再进行后续操作。

5）指令 BCM 模块。PEPS 模块完成智能钥匙定位且认证通过后，通过 CAN 线向 BCM 模块发送一个上锁请求指令信息。

6）车门锁电动机动作。BCM 模块接收到上锁请求指令后，执行上锁动作，同时设置车身防盗，并控制转向灯闪烁，后视镜收折。

备注：如果只用无钥匙功能打开行李舱盖，则在关闭行李舱盖时，PEPS 模块同样会激活车内天线，判断车内有无合法钥匙。如果有合法钥匙，则 PEPS 模块会请求指令 BCM 模块执行车门解锁动作。车门上锁的同时，车身防盗也设置成功。

3. 无钥匙电源管理（OFF 位至 ACC 位、ON 位）

如图 2-99 所示，无钥匙电源管理中，OFF 位至 ACC 位、ON 位的实现，分成以下 6 步

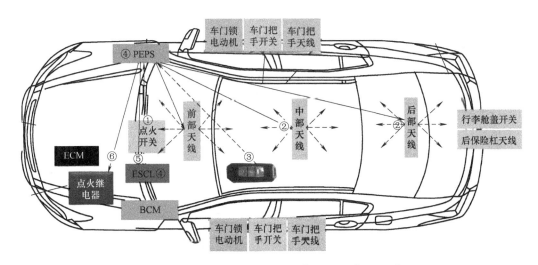

图 2-99 无钥匙电源管理（OFF 位至 ACC 位、ON 位）

进行：

1）请求信号。按压点火开关，给 PEPS 模块发送一个低电位信号。

2）搜寻钥匙。当 PEPS 模块接收到驾驶人按压点火开关信号后，必须识别车内有无合法钥匙。此时，PEPS 模块激活车内的 3 个天线，并发射一个低频信号。

3）钥匙应答。当位于车内天线 1.5m 范围内的智能钥匙接收到低频信号后，会主动发送包含自身 ID 和防盗密钥等信息的高频信号。

4）定位与认证。PEPS 模块通过车内天线接收智能钥匙发送的高频信号，同时对智能钥匙进行定位。定位成功后，PEPS 模块将接收到的智能钥匙信息与已储存的防盗信息进行对比，同时将该信息通过 K 线发送给 ESCL 模块进行防盗信息确认。如果信息一致则判断为合法，可进行下一步操作。如果不合法则到此终断，不再进行后续操作。

5）ESCL 认证电动机作动。PEPS 模块和 ESCL 模块对智能钥匙验证合法后，PEPS 模块指令 ESCL 模块进行转向盘解锁动作。

6）继电器动作。如果上一步识别的智能钥匙信息合法有效，则 PEPS 模块控制 3 个继电器进行相应动作，达到电源管理的目的，可以是 ACC 位，也可以是 ON 位。

4. 无钥匙电源管理（其他位到 START 位）

如图 2-100 所示，无钥匙电源管理中其他位到 START 位的实现，分成以下 6 步：

1）请求信号。按压点火开关，给 PEPS 模块发送一个低电位信号。

2）搜寻钥匙。当 PEPS 模块接收到驾驶人按压点火开关信号后，必须识别车内有无合法钥匙。此时，PEPS 模块激活车内的 3 个天线，并发射一个低频信号。

3）钥匙应答。当位于车内天线 1.5m 范围内的智能钥匙接收到低频信号后，会主动发送包含自身 ID 和防盗密钥等信息的高频信号。

4）定位与认证。PEPS 模块通过车内天线接收智能钥匙发送的高频信号，同时对智能钥匙进行定位。定位成功后，PEPS 模块将接收到的智能钥匙信息与已储存的防盗信息进行对比，同时将该信息通过 K 线发送给 ESCL 模块进行防盗信息确认，并通过 CAN 线发送给 ECM 模块进行防盗信息确认。如果 PEPS 模块、ESCL 模块和 ECM 模块三者比对验证信息完

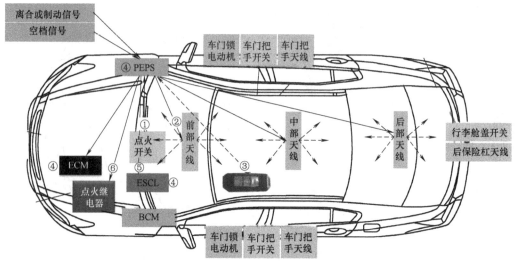

图 2-100　无钥匙电源管理（其他位到 START 位）

全一致,则判断为合法,解除发动机防盗,可进行下一步操作。如果不合法则到此终断,不再进行后续操作。

5）ESCL 模块认证电动机作动。如果之前点火开关置于 OFF 位,则 PEPS 模块和 ESCL 模块对智能钥匙验证合法后,PEPS 模块指令 ESCL 模块进行转向盘解锁动作。如果之前点火开关置于非 OFF 位,则不再需要执行转向盘解锁动作。

6）继电器动作。如果上一步识别的智能钥匙信息合法有效,则 PEPS 模块控制起动机继电器动作,起动发动机。

为安全起见,PEPS 模块还会监测以下信息（图 2-101）：

1）配置手动变速器的车辆离合器踏板是否踩下。
2）配置自动变速器的车辆制动踏板是否踩下。
3）变速器是否置于空档。

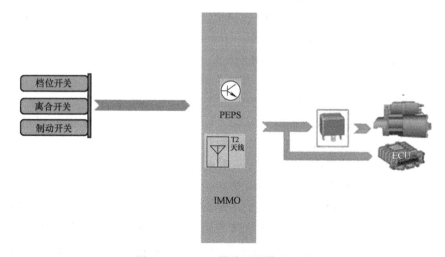

图 2-101　PEPS 模块监测信息示意

5. 无钥匙电源管理（其他位到 OFF 位）

如图 2-102 所示，无钥匙电源管理中其他位到 OFF 位的实现，分成以下 6 步：

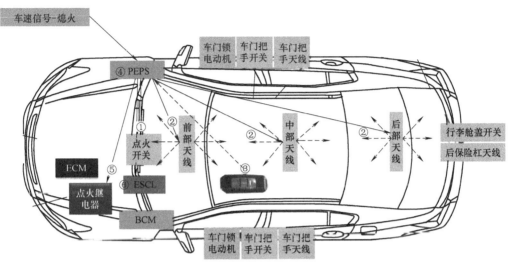

图 2-102　无钥匙电源管理（其他位到 OFF 位）

1）请求信号。按压点火开关，给 PEPS 模块发送一个低电位信号。

2）搜寻钥匙。当 PEPS 模块接收到驾驶人按压点火开关信号后，必须识别车内有无合法钥匙。此时，PEPS 模块激活所有天线（车门把手、行李舱盖以及车内），并发射一个低频信号。

3）钥匙应答。当位于车内天线 1.5m 范围内的智能钥匙接收到低频信号后，会主动发送包含自身 ID 和防盗密钥等信息的高频信号。

4）定位认证。PEPS 模块通过车内天线接收智能钥匙发送的高频信号，同时判断智能钥匙在车外还是车内。PEPS 模块将接收到的智能钥匙信息与已储存的防盗信息进行对比，同时将该信息通过 K 线发送给 ESCL 模块进行防盗信息确认。只有识别到车内有智能钥匙，并且认证为合法，PEPS 模块才会执行后续动作。如果识别到智能钥匙不在车内或非法，则进入应急熄火模式。

5）继电器动作。如果上一步识别的智能钥匙信息合法有效，且辅助条件同时满足，则 PEPS 模块控制点火继电器动作，实现 OFF 位。

6）指令 ESCL 模块上锁。

注意：判断辅助条件是否满足是出于安全考虑，如果车辆在运行中，则 PEPS 模块监测到车速信号小于 2km/h 时，才允许直接熄火。如果驾驶人强制熄火，则必须执行激活应急熄火模式的操作。

6. 应急起动

如图 2-103 所示，遇以下情况需执行应急起动程序：

1）智能钥匙内的电池电量不足。

2）受到电磁干扰。

3）离合器信号异常。

电池电量不足或受到电磁干扰时的应急起动操作步骤：

1）踩下离合器踏板。
2）将智能钥匙贴近点火开关。
3）按下点火开关。

离合器信号异常时的应急起动操作步骤：
1）将点火开关置于 ACC 位。
2）按下点火开关保持 10s。

7. 应急熄火

如图 2-104 所示，遇以下情况需执行应急熄火程序：
1）车速大于 2km/h。
2）丢失轮速信号。
3）智能钥匙故障或无法识别。

操作方法是长按点火开关 2s 或在 3s 内连续按下 3 次。

图 2-103　应急起动

图 2-104　应急熄火

四、PEPS 系统的故障诊断

PEPS 系统常见故障有 3 类：
1）用无钥匙功能不能解锁或上锁。
2）用无钥匙功能不能进行 OFF 位到 ACC 位或 ON 位的切换。
3）用无钥匙功能起动机不运转。

1. 用无钥匙功能不能解锁或上锁

故障原因如下：
1）车门把手开关及其电路故障。
2）车门把手天线及其电路故障。
3）钥匙故障。
4）PEPS 模块及其供电电路故障。
5）CAN 网络通信故障。
6）中控电源及电动机电路故障。
7）BCM 模块识别中控门锁状态异常。

(1) 车门把手开关及其电路故障的诊断方法

根据 PEPS 系统解锁功能特点，驾驶人携带钥匙在车辆左右两侧均可解锁。因此如果在车辆左侧按压车门把手开关无法解锁，则可携带钥匙到车辆右侧解锁。如果在右侧解锁正常，则可能为左侧车门把手开关或电路故障。

如图 2-105 所示，利用诊断仪读取数据流来快速判断是车门把手开关还是天线故障。如果按压车门把手开关，数据流对应的开关信号为"激活"，释放后为"未激活"，则可断定 PEPS 模块已接收到开关请求，该开关及电路正常。如果数据流检测开关信号无变化，则应检测相应的车门把手开关及电路。左前车门开关对应的数据项目编号为 13，右前车门开关对应的是 16。

图 2-105　诊断仪车门把手开关数据流

(2) 车门把手天线及其电路故障的诊断方法

如果车门把手天线电路或天线本身故障，则 PEPS 模块会报天线相关故障码。

(3) 钥匙故障的诊断方法

1) 检查钥匙电池电量是否充足，通过按压钥匙按键时观察指示灯的方法来判断。

2) 如果钥匙电池电量正常，则钥匙自身出现故障的可能性较大。使用另一把钥匙解锁，如果解锁正常则原钥匙故障。

3) 优先对钥匙进行编程，如果编程不成功则更换钥匙。

(4) PEPS 模块及其供电电路故障的诊断方法

确定上述部件和电路无故障后，对 PEPS 模块本身及其供电电路进行检测。可通过诊断仪与 PEPS 的通信状态来快速判断 PEPS 模块和其供电电路是否存在故障，若诊断仪与其他模块通信正常，仅与 PEPS 模块无法通信，则可能是 PEPS 模块本身或其供电电路出现故障。

(5) CAN 网络通信故障的诊断方法

CAN 网络出现故障后，PEPS 模块无法将指令发送给中控执行模块 BCM。可通过诊断仪与 PEPS、BCM 等模块的通信状态来判断 CAN 网络是否故障。

（6）中控电源及电动机电路故障的判断方法

1）可通过按压中控门锁按钮观察中控门锁电动机及其电路是否故障。如果按压中控门锁按钮时门锁有动作，则可排除中控电源及电动机电路存在故障的可能性。如果车门锁不动作，则需按照检查中控门锁不工作的方法继续诊断。

2）利用诊断仪执行门锁动作测试。

（7）BCM 模块识别中控门锁状态异常的诊断方法

可通过诊断仪读取 BCM 模块数据流来判断。

注意：如果不能上锁，则除检查上述部件或电路外，还要考虑上锁时的辅助条件是否满足，例如车内检测到有钥匙无法执行上锁、某一车门未关闭无法执行上锁、点火开关未置于 OFF 位无法执行上锁。此类条件未满足导致的不能上锁故障，均会伴随声光提示。

（8）快速诊断技巧

1）利用后视镜、转向灯反馈信号判断故障。例如，如果按压车门把手开关时，车门锁没有动作，但后视镜和转向灯有反馈信号，则说明只有中控门锁电动机及其电路存在故障。

2）通过按压钥匙解/上锁按键来判断车门把手或天线故障。如果按压钥匙解/上锁按键后车门锁进行了相应动作，则车门把手开关及其天线出现故障的可能性较大。

3）通过按压车门把手开关并观察钥匙指示灯来判断故障。如果钥匙指示灯闪烁，则说明车门把手开关电路、车门把手天线电路和钥匙正常（不能确定钥匙是否匹配或合法）。

2. 用无钥匙功能不能进行 OFF 位到 ACC 位或 ON 位的切换

原因如下：

1）点火开关及其电路故障。

2）车内天线及其电路故障。

3）钥匙故障。

4）PEPS 模块及其电路故障。

5）ESCL 模块及其电路故障。

6）电源状态继电器故障。

（1）点火开关及其电路故障的诊断方法

诊断仪点火开关数据流如图 2-106 所示。点火开关及其电路信号直接进入到 PEPS 模块中，因此可借助诊断仪读取数据流，快速检查点火开关工作状态。图 2-106 中，12、17 项数据指示点火开关的 2 个信号状态。如果按压点火开关后数据流无变化，则应检测点火开关至 PEPS 模块的电路是否存在问题。

（2）车内天线及其电路故障

如果车内天线电路或天线本身故障，则 PEPS 模块会报相关故障码。

（3）钥匙故障的诊断方法

1）检查钥匙电池电量是否充足，通过按压钥匙按键时观察指示灯的方法来判断。

2）如果钥匙电池电量正常，则钥匙自身出现故障的可能性较大。使用另一把钥匙操作，如果正常则原钥匙故障。

3）优先对钥匙进行编程，如果编程不成功则更换钥匙。

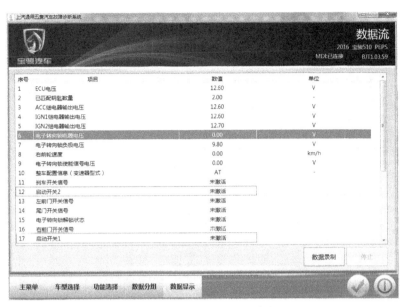

图 2-106　诊断仪点火开关数据流

（4）PEPS 模块及其电路故障的诊断方法

可通过诊断仪与 PEPS 模块的通信状态来快速判断 PEPS 模块或其电路是否存在故障。如果诊断仪与其他模块通信正常，仅与 PEPS 模块无法通信，则可能是 PEPS 模块本身或其电路出现故障。

（5）ESCL 模块及其电路故障的诊断方法

由于 ESCL 模块参与发动机防盗验证，其无法工作时必定会影响电源切换。需要注意的是，ESCL 上的 5 个电路，有任何一个出现异常，都会出现防盗认证失败，不能切换到 ACC 位或 ON 位的故障现象。如果 ESCL 模块出现故障，则 PEPS 模块会报相关故障码。

（6）电源状态继电器故障的诊断方法

诊断仪电源状态数据流如图 2-107 所示。对于带 PEPS 系统的车辆，完全由 PEPS 模块向电源状态继电器发送接通或断开指令，进而实现电源切换。如果继电器线圈电路出现异常，则 PEPS 模块会报相关故障码。也可通过数据流来观察继电器状态。图 2-107 中，3、4 和 5 项数据指示 PEPS 模块监测的 3 个继电器的实际执行状态。

注意：如图 2-108 所示，数据流中的 24、25 项数据指示 PEPS 模块的输出控制意识，而非结果。

（7）快速诊断技巧

1) 利用移动钥匙位置的方法来判断车内天线是否存在故障。

2) 利用应急起动功能来判断钥匙电池电量是否不足。

3) 通过按压点火开关并观察钥匙指示灯来判断故障。如果钥匙指示灯闪烁，则说明点火开关电路、车内天线电路和钥匙正常（不能确定钥匙是否匹配或合法）。

4) 利用仪表板提示判断 ESCL 模块故障。如果 PEPS 模块监测到 ESCL 模块存在故障，则仪表板上会有"转向盘锁故障"提示。如果仪表板提示"转向盘锁上锁失败"，则可能是断电所致，不会引起无法切换 ACC 位或 ON 位的故障。只要车速大于 3km/h 故障就会自动消失。

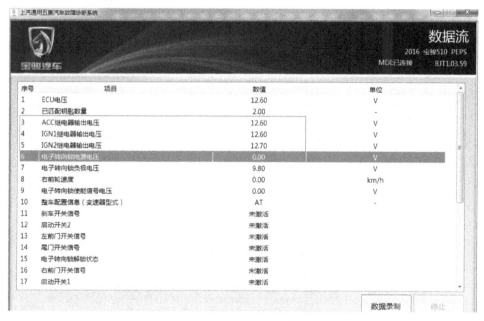

图 2-107　诊断仪电源继电器状态数据流（一）

图 2-108　诊断仪电源继电器状态数据流（二）

3. 用无钥匙功能起动机不运转

故障原因如下：

1）起动机及其电路故障。

2) 辅助条件异常。

（1）起动机及其电路故障的诊断方法

可通过拔下起动机继电器并将继电器触点电路跨接的方法来判断起动机触点电路和起动机自身是否故障。注意：如果 PEPS 模块监测空档信号电路异常，则只控制起动机运转一次，此时关闭点火开关后再次按点火开关起动，起动机同样只运转 1 次。

（2）辅助条件异常

导致起动机不工作的其他因素如下：

1) 离合器信号电路（手动变速器）故障。

2) 制动信号电路（自动变速器）故障。

3) 空档开关信号电路故障。

4) 车速信号异常。

（3）快速诊断技巧

1) 离合器信号电路、制动信号电路和空档开关信号电路故障时，仪表板会有相应提示。

2) 车速信号是否异常，通过按压点火开关超过 3s 来判断。

五、带 PEPS 系统车辆的 PEPS 匹配

PEPS 系统中包含 PEPS 模块、ESCL 模块、ECM 模块和位于智能钥匙中的防盗芯片。PEPS 匹配就是使智能钥匙的 ID 信息、密钥在各模块内部保持一致。

1. PEPS 匹配

如图 2-109 所示，更换以下任何一个部件时都需执行 PEPS 匹配：

1) ECM 模块。

2) PEPS 模块。

3) ESCL 模块。

图 2-109　PEPS 匹配

选择"PEPS 匹配",读取 VIN 码,按照诊断仪的提示进行匹配。

2. PEPS 复位

如图 2-110 所示,如果要将正常车辆的 PEPS 模块安装到其他车辆上,则必须在原车上进行 PEPS 模块复位。

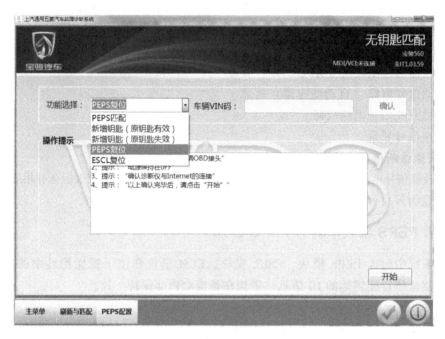

图 2-110　PEPS 模块复位

选择"PEPS 复位",读取 VIN 码,按照诊断仪的提示进行复位。

注意:带 PEPS 系统的车辆,ECM 模块不需要复位就可安装到其他车辆上。

3. ESCL 复位

如图 2-111 所示,如果要将正常车辆的 ESCL 模块安装到其他车辆上,则必须在原车上进行 ESCL 模块复位。

选择"ESCL 复位",读取 VIN 码,按照诊断仪的提示进行复位。

4. 新增钥匙且原钥匙有效

如图 2-112 所示,如果客户想增加钥匙,并使原钥匙仍然有效,则在匹配钥匙时选择"新增钥匙(原钥匙有效)",读取 VIN 码,按照诊断仪的提示进行匹配。此时原钥匙不用匹配仍然有效。

注意:

1) 由于智能钥匙的 SK 码不能被反复改写,一旦钥匙匹配成功,就只能应用到对应 VIN 码的车辆上。

2) 匹配钥匙时,必须将要匹配的钥匙放在驻车制动杆旁的水杯座附近,诊断仪会进行相应提示。

5. 新增钥匙且原钥匙失效

如图 2-113 所示,如果客户想新增钥匙,并使原钥匙失效,则在匹配钥匙时需选择"新增钥匙（原钥匙失效）"，读取 VIN 码，按照诊断仪的提示进行匹配。该操作也可对原钥匙进行重新匹配。

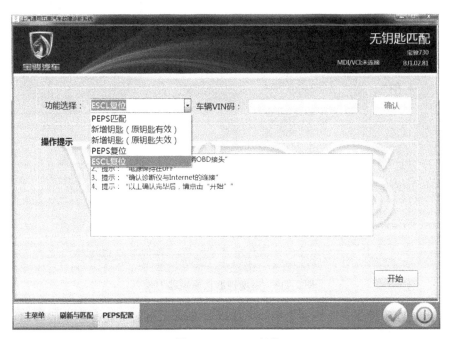

图 2-111　ESCL 复位

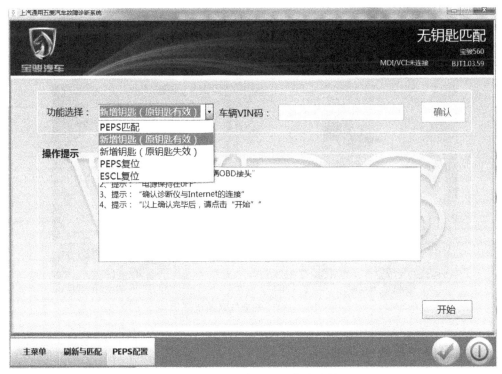

图 2-112　新增钥匙且原钥匙有效

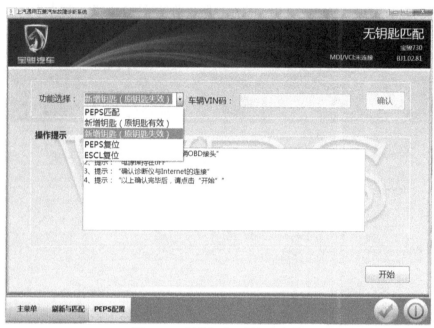

图 2-113　新增钥匙且原钥匙失效

注意：上述匹配操作只能使智能钥匙无法以遥控或无钥匙功能打开车门和起动发动机，但丢失的机械钥匙仍然可以打开左前车门。因此，为安全起见，如果客户丢失一把或所有钥匙，则应建议其同时更换左前车门锁芯。

第五节　乘员保护系统

车辆乘员保护系统即安全气囊系统，如图 2-114 所示。

图 2-114　安全气囊系统

一、乘员保护系统的功能

针对 CN113R 和 CN210MR 车型，其乘员保护系统主要有正面、侧面安全气囊保护和安全带预紧器保护功能。

1. 安全气囊

如图 2-115 所示,安全气囊分为驾驶人和前排乘客正面安全气囊、侧面安全气囊和侧面安全气帘等。

(1) 正面安全气囊

正面安全气囊的作用是在发生正面碰撞后,降低乘员与身体正面物体撞击产生的损伤程度。保护驾驶人和前排乘客的正面安全气囊通常是独立安装的。驾驶人正面安全气囊通常安装在转向盘中心位置,前排乘客正面安全气囊安装在乘客正前方的中控台上。

图 2-115　安全气囊的类型

(2) 侧面安全气囊

侧面安全气囊的作用是在发生侧面碰撞后,保护乘员的臀部、胸部和肩部,通常独立安装在座椅靠背侧面。

(3) 侧面安全气帘

侧面安全气帘的作用是在发生侧面碰撞后,保护乘员的头部。

2. 安全带预紧器

安全带预紧器(图 2-116)的作用是在车辆急减速时,防止乘员因惯性而向前移动导致碰撞伤害,预紧器限制了安全带的拉伸长度,从而将乘员固定在一定范围内,大幅减小了碰撞事故带来的人身伤害。安全带预紧器会在严重碰撞事故中使安全带缩回一定长度(通常在 10cm 左右),提高对乘员的保护能力。

二、乘员保护系统的组成

乘员保护系统由以下部分组成,如图 2-117 所示。

1) 碰撞传感器。
2) 安全气囊。
3) 安全带预紧器。

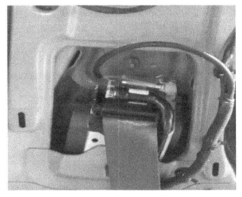

图 2-116　安全带预紧器

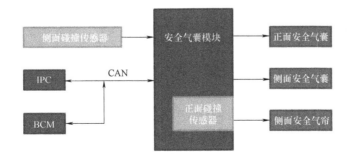

图 2-117　乘员保护系统组成

4)安全气囊模块。
5)安全气囊线束。
6)游丝线圈。
7)仪表。
8)车身控制模块(BCM)。

1. 碰撞传感器

(1)碰撞传感器的作用

碰撞传感器如图2-118所示。碰撞传感器的作用是监测车辆发生碰撞时的等级。依据监测的方位不同,可分为正面碰撞传感器和侧面碰撞传感器。

正面碰撞传感器监测正面发生碰撞时的碰撞等级,通常安装在发动机舱的前横梁上。CN210MR的正面碰撞传感器集成在安全气囊模块内。

侧面碰撞传感器监测车辆侧面发生碰撞时的碰撞等级,通常安装在车辆B柱的中下部。图2-119所示为CN210MR侧面碰撞传感器的安装位置。

图 2-118 碰撞传感器

图 2-119 CN210MR 侧面碰撞传感器的安装位置

(2)碰撞传感器的种类

碰撞传感器有很多种类,图2-120所示为电容式碰撞传感器。当受到碰撞时,其内部移动片产生位移,引起电容变化,通过运算器计算判断碰撞强度。

(3)碰撞传感器的诊断与维修

碰撞传感器不能使用万用表测量,怀疑其有故障时只能通过更换总成的方式来验证。

碰撞传感器必须按照要求的力矩、位置和方向进行安装,安装不正确可能导致安全气囊不能在正确的时刻弹出。

为与其他部件区别,固定碰撞传感器的螺栓通常采用反螺纹设计。

2. 安全气囊

(1)安全气囊的结构与原理 (图2-121)

点火器通电后产生高热,点燃传爆管内的点火物质,火焰随即扩散到点火药和气体发生器处。气体发生器产生大量氮气,氮气经过滤器降温后进入安全气囊内。安全气囊迅速充气并急剧膨胀,冲破转向盘或其他覆盖物,防止乘员与车内刚性物体直接碰撞。

安全气囊完成充气后，氮气由释放孔迅速排出，以减小安全气囊对乘员的冲击力，并确保乘员有良好的视野。

（2）安全气囊短路片

如图 2-122 所示，为防止在断开安全气囊插接器的状态下，安全气囊模块意外通电导致安全气囊弹出，在安全气囊的金属针脚旁设置有短路片。

当插接器断开时，短路片在自身弹力作用下将安全气囊的两个针脚短接。

插复安全气囊插接器时，插接器上的塑料片推动短路片，使短路片不与安全气囊针脚接触。

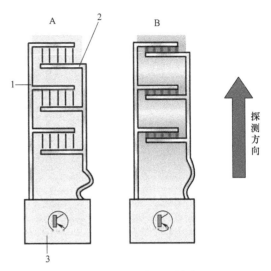

图 2-120 电容式碰撞传感器
1—静止片 2—移动片 3—电子运算器
A—静止状态 B—碰撞状态

3. 安全带预紧器

给点火器供电时，点火器引燃点火药，同时气体发生器内的气体发生剂受热分解释放大量氮气，使导管内压力急剧上升。活塞在氮气的推动下迅速在导管内向下运动，推动导管内的多个钢球运动。运动的钢球推动安全带卷轴上的叶轮旋转，使安全带卷轴转过一定角度，进而使安全带回缩约 10cm，如图 2-123 所示。

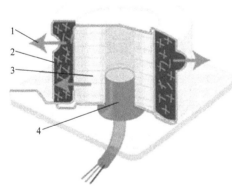

图 2-121 安全气囊的结构
1—氮气 2—过滤器 3—叠氮化钠 4—点火器

图 2-122 安全气囊短路片

4. 安全气囊模块

安全气囊模块的作用是接收碰撞传感器的碰撞信号，判断碰撞程度是否达到触发安全带预紧器工作和安全气囊弹出的水平。如果达到则向安全带预紧器或安全气囊供电，如图 2-124 所示。

安全气囊模块具有自诊断功能。宝骏 560、宝骏 730 等车型的安全气囊模块内还集成有正面碰撞传感器。

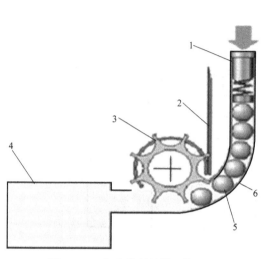 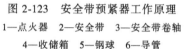
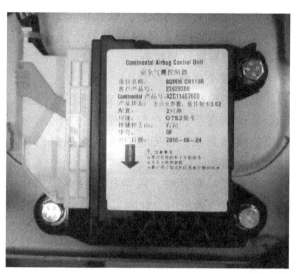

图 2-123 安全带预紧器工作原理
1—点火器 2—安全带 3—安全带卷轴
4—收储箱 5—钢球 6—导管

图 2-124 安全气囊模块

为防止发生碰撞事故时，车辆电源切断导致安全气囊未弹出或安全带预紧器未工作，在安全气囊模块内部安装有用于储存电能的电容。

5. 安全气囊线束

如图 2-125 所示，为防止安全气囊线束与车身其他电气线束错装导致安全气囊意外弹出，安全气囊模块到安全气囊之间的线束通常用黄色保护套包裹。

由于安全气囊弹出后产生的高温可能导致安全气囊线束损坏，为方便维修，有些车型的安全气囊线束是独立包裹的。

如图 2-126 所示，为保证安全气囊可靠工作，安全气囊线束插接器的针脚通常镀金，目的是防止氧化并减小插接器接触电阻。

6. 游丝线圈

游丝线圈如图 2-127 所示。由于安装在转向盘上的驾驶人安全气囊会随转向盘的转动而

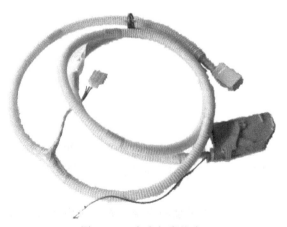

图 2-125 安全气囊线束

图 2-126 安全气囊线束插接器针脚及短路片

 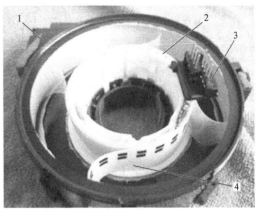

图 2-127 游丝线圈
1—外壳 2—中心座圈 3—线束插接器座 4—线束带

转动,为保证转动转向盘时安全气囊模块能可靠地向安全气囊供电,在车身线束与驾驶人安全气囊之间通常设置有游丝线圈,安装在转向管柱上。

如图 2-127 所示,游丝线圈内部有扁平的线束带,线束带一端固定在外壳上,外壳固定在转向管柱上,线束带另一端连接到中心座圈上,中心座圈插入转向盘内,随转向盘一起转动。一般的游丝线圈中心座圈可围绕外侧壳体转动约 7 圈。

正常车辆的转向盘可左右转动 1.5 圈,因此游丝线圈约 7 圈的行程足以保证转向盘转动到极限位置时仍有效。

当今车辆的转向盘上集成的功能越来越多,如 CN210 转向盘上集成有控制多媒体、控制定速巡航等功能的按键/开关,其相关线束也会经过游丝线圈与车身线束连接。

三、安全气囊模块的控制策略

1. 安全气囊弹出响应要迅速

从车辆发生碰撞开始,碰撞传感器要迅速感知碰撞,并将信号传输给安全气囊模块。安全气囊模块做出判断后给安全气囊供电,从点火器点火到安全气囊开始弹出,时间大约为 10ms,此时乘员身体还没有向前冲的趋势。大约 30ms 后安全气囊充气完成,完全展开。再经过 20ms,乘员身体开始压向安全气囊,安全气囊内的氮气经过节流孔开始排出,经过约 60ms,安全气囊内的氮气基本排尽,乘员可观察周边情况。综上,安全气囊工作时间大约是 120ms,如图 2-128 所示。

人眨眼所用时间约为 200ms,因此安全气囊的工作过程是非常短暂的,用肉眼根本无法看清。

2. 碰撞等级

车辆发生碰撞时安全气囊和预紧器是否工作,是由碰撞等级决定的,而碰撞等级是由碰撞传感器监测到的车身减速度决定的。

在安全气囊模块内部有 3 个区域来决定是否使安全气囊弹出,碰撞等级区域划分如图 2-129 所示。

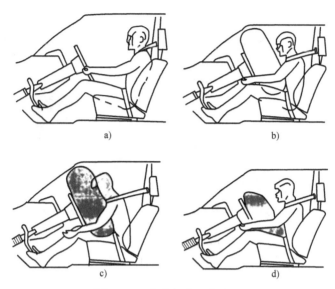

图 2-128 安全气囊工作过程

a）发生碰撞后 10ms b）发生碰撞后 40ms c）发生碰撞后 60ms d）发生碰撞后 120ms

（1）碰撞等级一区

碰撞较轻，在安全带的作用下，乘员基本不会受到伤害，因此安全气囊模块不会使安全气囊和安全带预紧器工作。

（2）碰撞等级二区

碰撞较重，只依靠安全带可能难以有效保护乘员，因此安全气囊模块会使安全带预紧器工作，但不会使安全气囊工作。

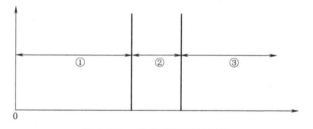

图 2-129 碰撞等级区域划分

①—碰撞等级一区 ②—碰撞等级二区 ③—碰撞等级三区

（3）碰撞等级三区

碰撞很严重，依靠安全带和安全带预紧器均不能有效保护乘员，因此安全气囊模块会使安全带预紧器和安全气囊同时工作。

3. 碰撞角度

如图 2-130 所示，碰撞角度不同，碰撞传感器监测到的减速度也有所不同，并最终影响安全气囊模块是否使安全气囊和安全带预紧器工作，或一定使哪个安全气囊工作。

一般来说，在正面碰撞中，只有在车身中心线左右各 30°范围内的碰撞，碰撞传感器才会识别为较高的碰撞等级，进而可能使安全带预紧器和正面安全气囊同时工作。

在侧面碰撞中，只有在车身侧面中心线左右各 60°范围内的碰撞，碰撞传感器才会识别为较高的碰撞等级，进而使侧面安全气囊和侧面安全气帘工作，但不会使正面安全气囊和安全带预紧器工作。

4. 安全气囊弹出后的车辆动作

如图 2-131 所示，安全气囊模块监测到较高的碰撞等级后，在使安全气囊或安全带预紧器工作的同时，会通过 CAN 线向 BCM 发送中控解锁和危险警告灯闪烁的请求。

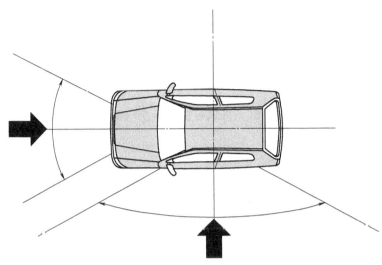

图 2-130 碰撞角度

目前大多数车型的中控门锁都有行车自动落锁功能,当发生较严重的碰撞事故后,可能会发生次生伤害,为使乘员快速逃生,中控门锁必须自动解锁,同时使危险警告灯闪烁,提示后方车辆避让。

5. 故障自诊断

安全气囊系统作为被动安全系统,工作的可靠性至关重要。

每次打开点火开关后,安全气囊故障指示灯(图 2-132)都会短时点亮,安全气囊模块执行系统自检,确认系统正常后,安全气囊故障指示灯熄灭。如果监测到系统有故障,则安全气囊故障指示灯常亮。

图 2-131 碰撞解锁

图 2-132 安全气囊故障指示灯

车辆运行中,安全气囊模块会持续监测系统的电路和引爆器是否正常,一旦出现电路、引爆器或模块故障,会立即点亮安全气囊故障指示灯。

四、乘员保护系统的故障诊断

安全气囊故障指示灯点亮时,可借助诊断仪读取安全气囊模块的故障码和模块内数据流,以确定故障原因。

安全气囊系统常出现的故障码分为引爆器电阻高和引爆器电阻低两大类。

引爆器自身有一定电阻，正常阻值在 2~4Ω 之间。加上电路自身有一定电阻，如果安全气囊模块监测到引爆器的阻值大于 4.66Ω（含游丝线圈则为 5.45Ω），则报电阻高故障码。如果安全气囊模块监测到引爆器的阻值小于 1.4Ω（含游丝线圈为 1.7Ω），则报电阻低故障码。

出现电阻高或电阻低的故障码时，可通过读取安全气囊模块数据流（图 2-133）来判断各引爆器的电阻是否正常。

图 2-133 安全气囊模块数据流

通过故障码和异常数据流，可以确定哪个安全气囊或安全带预紧器出现故障。

注意：任何涉及安全气囊系统的维修操作，操作前都必须断开蓄电池负极电缆，并等待 90s。

1. 引爆器电阻高

导致引爆器电阻高的故障原因如下：

1）引爆器到安全气囊模块之间的线束开路。

2）引爆器内部开路。

3）安全气囊模块内部开路。

（1）引爆器到安全气囊模块之间的线束开路的诊断

可利用引爆器外侧线束插接器处的短路片来快速诊断：

1）断开安全气囊模块插接器。模块侧线束插接器处的短路片将线束的两个电路短接。

2）断开引爆器插接器，该插接器没有短路片。

3）用万用表测量安全气囊侧线束插接器的两个针脚之间的电阻，正常值应小于 1Ω。如果过大则表明线束有问题。重点检查线束所经过的插接器是否安装到位，线束是否开路。如果是驾驶人引爆器电阻高，则还需检查游丝线圈是否开路。

注意：线束或游丝线圈开路后，为保证安全气囊可靠工作，不得维修，只能换新。

（2）引爆器内部开路的诊断

将引爆器模拟电阻（图2-134）插入引爆器侧的线束插接器中，插复安全气囊模块的插接器，通过诊断仪读取数据流，或清除故障码后再次读取故障码。如果数据流恢复正常或故障码不再出现，则可判定引爆器故障。此时只能通过更换总成来解决。如果没有引爆器模拟电阻，则可用一个3Ω电阻或5W扁角直插小灯泡来代替。

注意：不能通过用万用表电阻档测量引爆器两针脚间电阻的方法来判断引爆器是否出现内部开路故障，因为万用表测量电阻时的电压可能引爆引爆器。

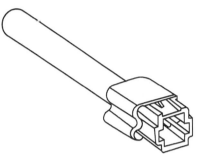

图2-134 引爆器模拟电阻

（3）安全气囊模块内部开路的诊断

如果上述检查没有发现异常，则可判定安全气囊模块故障，应通过更换安全气囊模块来解决。

2. 引爆器电阻低

导致引爆器电阻低的故障原因如下：

1）引爆器到安全气囊模块之间的线束短路或对搭铁短路。

2）引爆器内部短路。

3）安全气囊模块内部短路。

（1）引爆器到安全气囊模块之间的线束短路或对搭铁短路的诊断

1）断开安全气囊模块插接器。

2）将绝缘塑料插片插入模块侧线束插接器处的短路片与线束金属针脚间，使两者分离。

3）断开引爆器插接器，该插接器没有短路片。

4）用万用表测量安全气囊侧线束插接器的两个针脚之间的电阻，正常应为无穷大。如果阻值过低，则表明线束间短路或插接器有问题不能将短路片分离。如果是驾驶人引爆器电阻低，则还需检查游丝线圈是否短路。

5）用万用表测量线束与车身搭铁之间的电阻，正常应为无穷大。如果阻值过低，则表明线束与车身之间存在搭铁故障，需通过更换线束来解决。

（2）引爆器内部短路的诊断

将引爆器模拟电阻插入引爆器侧的线束插接器中，插复安全气囊模块插接器。通过诊断仪读取数据流，或清除故障码后再次读取故障码。如果数据流恢复正常或故障码不再出现，则判定引爆器故障，此时只能通过更换总成来解决。

（3）安全气囊模块内部短路的诊断

如果上述检查没有发现异常，则可判定安全气囊模块故障，应通过更换安全气囊模块来解决。

五、乘员保护系统的维修

1. 维修安全气囊系统的安全措施

不按照正确顺序进行维修，可能使安全气囊系统或安全带预紧器意外工作，导致严重事故。另外，如果维修安全气囊或安全带预紧器时操作失误，则可能使安全气囊和安全带预紧器不能工作。维修前（包括拆卸、安装、检查和更换部件）必须注意以下事项：

1) 维修或安装安全气囊系统前必须断开蓄电池负极电缆，等待 90s 后再操作。
2) 如果不小心触碰到碰撞传感器，即使安全气囊和安全带预紧器未工作，也应对所有安全气囊和安全带预紧器进行检查。
3) 如果碰撞传感器或安全气囊模块跌落，或外壳、支架和插接器有裂痕、凹痕等缺陷，则应按报废处理。
4) 拆卸安全气囊后应将安全气囊正面朝上可靠放置。
5) 对车身进行焊接时，首先要断开所有安全气囊和安全带预紧器的插接器。
6) 切勿使用万用表测量安全气囊引爆器的电阻。
7) 排除安全气囊或安全带预紧器故障后，需使用诊断仪对安全气囊系统进行检测，确保系统不再出现故障码。否则需进一步检查电路并排除潜在故障。

2. 安全气囊的搬运与放置措施

1) 安全气囊和安全带预紧器在搬运过程中不能受到振动。
2) 搬运时不要将安全气囊正面或反面正对自己的身体。
3) 安全气囊总成放置时要求正面向上，以避免误爆造成其他损失。
4) 不允许给安全气囊系统部件涂抹润滑脂或用清洗剂清洗。
5) 不要在安全带预紧器或安全气囊上放置任何物体。
6) 安全气囊和安全带预紧器不能接近磁铁或有强磁场的区域。
7) 不要把安全气囊或安全带预紧器堆放在一起。

3. 正面安全气囊弹出后的维修

在正面安全气囊弹出后，安全带预紧器往往也会工作，维修时需要更换以下部件：

1) 驾驶人正面安全气囊。
2) 前排乘客正面安全气囊。
3) 安全气囊模块。
4) 所有安全带预紧器总成。
5) 安全气囊线束。

4. 安全带预紧器工作后的维修

如果只有安全带预紧器工作，则更换以下部件：

1) 所有安全带预紧器。
2) 安全气囊模块。
3) 安全带预紧器线束。

5. 侧面安全气囊弹出后的维修

如果只有侧面安全气囊弹出，则只更换弹出侧的以下部件：

1) 含有侧面安全气囊的座椅总成。
2) 侧面安全气帘。
3) 侧面碰撞传感器。
4) 安全气囊模块。
5) 侧面安全气囊线束。

6. 未展开安全气囊报废处理措施

安全气囊必须按照要求进行报废处理，禁止随意丢弃，否则可能导致人身伤害。应按要求进行引爆处理：

1) 清理出一块直径约为 1.85m 的空地，供安全气囊和夹具展开。
2) 确保通风良好，清除区域内的易燃物体。
3) 断开安全气囊插接器线束（图 2-135），并剥去绝缘层。
4) 如图 2-136 所示，将安全气囊置于空地的中央，使塑料装饰盖面朝上，连接到安全气囊系统展开线束的适配器上。

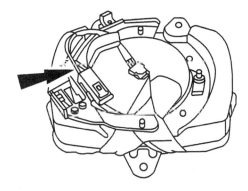

图 2-135　断开安全气囊插接器线束　　　图 2-136　安全气囊插接器接入引线

5) 找两根至少 6.1m 长的导线（最小 20 号），将两根导线的一端分别与剥去绝缘层的安全气囊线束连接。

6) 将最低电压为 12V，最小电流为 2A 的电源，如车用蓄电池，放在线束短路端附近。

7) 将安全气囊系统的弹出线束与电源相连，安全气囊随即弹出。

8) 如图 2-137 所示，将两根导线的另一端与 12V 蓄电池的极柱触碰，引爆安全气囊组件。

9) 至少等待 10min，使组件冷却后再靠近展开的安全气囊。

10) 按常规方式对弹出的安全气囊组件作报废处理。

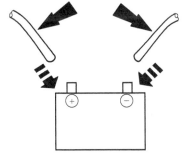

图 2-137　给导线供电

第六节　倒车雷达系统

倒车雷达系统又称泊车辅助系统，是汽车泊车安全辅助装置，能以声音或图像告知驾驶人车身周围障碍物的情况，提高倒车安全性，如图 2-138 所示。

CN113R 和 CN210MR 车型都带有倒车雷达系统，且 CN210MR 的倒车雷达系统较 CN113R 复杂，下面以 CN210MR 的倒车雷达系统为例，介绍倒车雷达系统的组成、原理与故障诊断。

图 2-138 倒车雷达系统

一、倒车雷达系统的组成

如图 2-139 所示,倒车雷达系统由以下部件组成:

1) 超声波传感器。通常车身后部有 4 个,车身前部有 2 个。
2) 倒车雷达模块。
3) BCM 模块。
4) 多媒体模块。

1. 超声波传感器

如图 2-140 所示,超声波传感器又称探头,是倒车雷达系统的核心部件,其作用是发出及接收超声波,一般安装在前、后保险杠上。

如图 2-141 所示,超声波传感器内部的核心部件是压电晶体。压电晶体工作

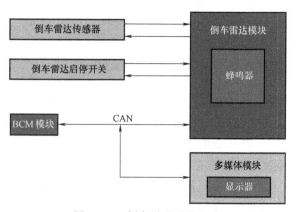

图 2-139 倒车雷达系统组成

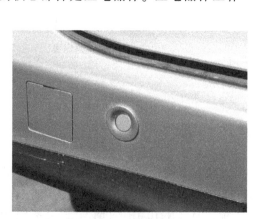

图 2-140 超声波传感器

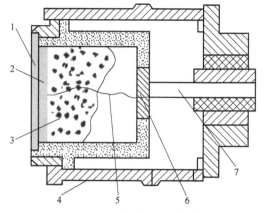

图 2-141 超声波传感器结构
1—保护膜 2—压电晶体 3—吸收块 4—金属壳体 5—引线 6—接线片 7—导电螺杆

过程如下：

1）在给压电晶体供电时，它会产生机械振动，从而产生超声波，向外辐射。

2）超声波遇到障碍物会反射回压电晶体，使压电晶体产生一个电信号，该电信号会传送给倒车雷达模块。

2. 倒车雷达模块

如图 2-142 所示，倒车雷达模块具有以下作用：

1）激活或关闭超声波传感器。

2）接收超声波传感器传输的信号。

3）识别信号后计算分析，确定障碍物的距离。

4）控制蜂鸣器鸣响。

5）故障自诊断。

3. BCM 模块

如图 2-143 所示，BCM 的作用是将倒档信号发送到 CAN 总线上。

图 2-142　倒车雷达模块　　　　图 2-143　BCM 模块

4. 多媒体模块

如图 2-144 所示，多媒体模块作用如下：

1）接收 CAN 网络上的图像信息请求。

2）指令显示器显示图像。

显示器上的传感器扇形符号颜色，代表车身与障碍物的距离：

1）绿色：0.6~1m。

2）黄色：0.4~0.6m。

3）红色：小于 0.4m。

图 2-144　多媒体模块

二、倒车雷达系统的工作原理

1. 倒车雷达模块的测距原理

如图 2-145 所示，倒车雷达模块从 CAN 总线获知驾驶人挂入倒档的信号后，以一定时间间隔向超声波传感器施加脉冲电压，超声波传感器在脉冲电压的作用下产生超声波并向外辐射。

一部分遇到障碍物的超声波会返回超声波传感器，使超声波传感器产生一个脉冲信号，并传输回倒车雷达模块。

倒车雷达模块计算从施加脉冲电压到接收脉冲信号的时差。

常温下，超声波在空气中传播的速度基本恒定，约为340m/s。有了时间和速度，倒车雷达模块就能计算出超声波传感器（即车身）到障碍物间的距离。

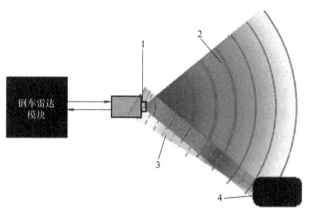

图2-145　倒车雷达模块的测距原理
1—传感器发射器　2—发射波　3—反射波　4—障碍物

如图2-146所示，倒车雷达模块以一定时间间隔发射窄脉冲信号，超声波传感器的反射信号也以一定时间间隔出现。

倒车雷达模块发射的脉冲信号与接收的交流电压信号有区别，以便识别。

2. 探测盲区

如图2-147所示，超声波从传感器中心向外以一定圆锥角辐射，因此不可避免地存在盲区。圆锥角越小盲区越大，圆锥角越大盲区越小，但圆锥角过大容易辐射到地面上导致误警告。

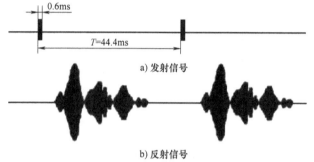

图2-146　发射信号与反射信号的区别

超声波传感器刚开始工作时，对在盲区内且距离传感器很近的障碍物无法探测。一般低于30cm的地上障碍物或高于地表1m的凸出障碍物无法探测。

障碍物距超声波传感器30cm内易造成探测距离不准。

3. 探测不到障碍物的情况

如图2-148所示，障碍物为锥状时，其反射波可能难以返回超声波传感器，或反射波非

图2-147　倒车雷达探测盲区

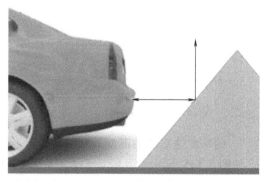

图2-148　障碍物为锥状

常弱，从而导致探测不到障碍物。

如图 2-149 所示，障碍物为棉、雪等吸波物时，其反射波可能难以返回超声波传感器，或反射波非常弱，从而导致探测不到障碍物。

4. 探测异常的情况

以下情况可能导致异常警告：

1）车辆在坡道上向平坦路面倒行时。

2）车辆在平坦路面向上坡路面倒行时。

3）车辆载重过大，车身后部高度发生变化时。

4）车辆在凹凸不平的道路或圆石道路上倒行时。

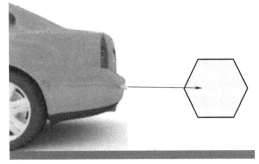

图 2-149 障碍物为吸波物

5）超声波传感器表面有异物覆盖，如污泥。

6）车辆周围有同频率的超声波、金属声和高压气体排放声等。

7）在有效范围内安装其他可探测装置时。

8）车上装有非标准无线电通信设备，不包括移动电话和音响系统。

5. 倒车雷达模块的自诊断

倒车雷达模块对超声波传感器及其电路有诊断功能。注意，目前不能通过诊断仪来查看倒车雷达模块的故障码和数据流，只有相应的自诊断提醒功能。

每次打开点火开关或挂入倒档后（依据不同配置），倒车雷达模块执行一次自诊断。

1）如果系统正常，则蜂鸣器鸣响一次，之后进入待机状态。

2）如果蜂鸣器鸣响两次，则表明有一个超声波传感器异常，需进行检查或维修。

3）如果蜂鸣器鸣响三次，则表明有两个或两个以上超声波传感器异常。

三、倒车雷达系统故障诊断

倒车雷达系统常出现的故障如下：

1）挂倒档遇到障碍物未提醒。

2）挂倒档有异常提醒。

1. 挂倒档遇到障碍物未提醒

1）首先判断障碍物是否位于探测盲区内，是否为锥状，障碍物是否为棉、雪等吸波物，是否为铁丝网、绳索等细小物。

2）排除上述情况后，需进行以下检查：

① 倒档信号没有传输到 BCM。利用诊断仪读取数据流或万用表测量电压的方式来确认。

② CAN 网络通信异常。CAN 网络通信异常导致倒档信号不能通过 BCM 传送给倒车雷达模块。利用诊断仪全车模块诊断功能来确认。

③ 检查倒车雷达模块的电源和搭铁。

④ 检查超声波传感器到模块之间是否开路。可借助倒车雷达模块的自诊断功能进行验证。

⑤ 如果以上检查均正常，则可尝试更换倒车雷达模块。

⑥ 如果仍不能解决问题，则可尝试更换多媒体模块。

2. 挂倒档有异常提醒

1）首先判断是否存在上述探测异常情况。

2）排除上述情况后，需进行以下检查：

① 检查传感器的安装位置或方向是否异常。如保险杠被撞导致超声波辐射角度改变。

② 传感器电路故障。检查超声波传感器电源线、搭铁线和信号线是否开路、对搭铁或电源短路。可借助倒车雷达模块的自诊断功能进行验证。

③ 检查超声波传感器是否存在故障。将传感器的插接器断开，如果不再有异常警告，则更换传感器。

④ 如果以上检查未发现异常，则更换倒车雷达模块。

第七节　学习成果自检

请通过思考以下问题对学习成果进行自检，并填写下列表格。

序号	问　题	自检结果
1	哪些部件参与了遥控系统的工作？	
2	遥控系统是如何工作的？	
3	不能用遥控器执行所有动作的原因有哪些？遥控器不能执行门锁动作的原因有哪些？	
4	车身防盗系统由哪些部件组成？	
5	车身防盗系统的工作模式有哪些？	
6	车身防盗系统常出现的故障有哪些？如何诊断？	
7	车身防盗功能是如何实现的？	
8	发动机防盗系统由哪些部件组成？	
9	发动机防盗系统的认证过程是什么？	
10	发动机防盗系统的匹配原理是什么？	
11	发动机防盗指示灯点亮，且发动机不能起动的故障如何诊断？	
12	在哪些情况下需执行发动机防盗匹配？如何匹配？	
13	PEPS系统具备哪些功能？	
14	PEPS系统由哪些部件组成？各部件有什么作用？	
15	PEPS系统如何实现无钥匙上锁？如何实现无钥匙起动？	
16	PEPS系统常见故障有哪些？如何诊断？	
17	带有PEPS系统的车辆，在哪种情况下需执行防盗匹配？如何匹配？	
18	乘员保护系统对乘员有哪些保护措施？	
19	乘员保护系统由哪些部件组成？各部件的作用是什么？各部件是如何工作的？	
20	安全气囊和安全带预紧器在什么情况下工作？	
21	安全气囊系统常见的故障有哪些？如何诊断？	
22	在维修安全气囊系统时，应注意哪些问题？安全气囊弹出后，维修时需更换哪些部件？	
23	倒车雷达系统由哪些部件组成？各部件的作用是什么？	
24	倒车雷达模块是如何判断距离的？哪些情况会导致模块探测不到障碍物？哪些情况会导致模块产生异常警告？	
25	倒车雷达系统出现不提示或异常警告的原因有哪些？如何诊断？	

第八节　章练习题

1. 单项选择题

问题1		下列关于遥控系统的描述错误的是（　　）
	A	CN113R 车型，遥控接收器集成在 BCM 模块内部
	B	CN210MR 带 PEPS 系统车型，遥控接收器集成在 PEPS 模块内部
	C	CN210MR 带 PEPS 系统车型，遥控器没电也能开锁
	D	CN210MR 带 PEPS 系统车型，PEPS 模块接收遥控信息并通过 CAN 线发送执行信息至 BCM 模块

问题2		CN113R 车型，按压遥控器没有任何反应，以下哪种原因可能性最小（　　）
	A	遥控器电池电量不足
	B	环境存在电磁干扰
	C	某一车门未关闭
	D	遥控距离过远

问题3		CN210MR LV1 车型，用遥控器无法上锁，以下哪种原因没有可能（　　）
	A	点火开关回位不良，内部触点不能有效回位
	B	右前车门开关电路开路
	C	遥控器上锁按键损坏
	D	左后车门开关电路对搭铁短路

问题4		CN210MR LV3 车型，不属于车身防盗系统组成部件的是（　　）
	A	BCM 模块
	B	ECM 模块
	C	PEPS 模块
	D	遥控器

问题5		CN113R 车型，以下哪种操作不会使车身防盗系统进入警戒模式（　　）
	A	通过车内把手打开前车门
	B	用机械钥匙打开车门
	C	车身振动较大
	D	非法打开行李舱盖

问题6		CN113R 车型，客户反映有时无故发出防盗警告，以下分析错误的是（　　）
	A	车门开关调整不当，车门在受外力作用时，可能触发防盗警戒模式
	B	车门开关电路存在间歇性对搭铁短路问题，可能触发防盗警戒模式
	C	驾驶人侧车门门锁状态电路对搭铁短路
	D	发动机舱盖调整不当

问题7	CN113R 车型，以下对于发动机防盗系统各组成部件的描述错误的是（　　）	
	A	防盗芯片内含有一个运算芯片和一个细小的电磁线圈
	B	防盗天线内部是一个励磁线圈
	C	防盗天线集成有一个 LIN 模块
	D	ECM 不用对钥匙的合法性进行判断

问题8	在 CN113R 车型中，更换以下哪个部件后不需要进行发动机防盗匹配（　　）	
	A	ECM 模块
	B	BCM 模块
	C	智能钥匙
	D	防盗识读线圈

问题9	在 CN113R 车型中，以下有关防盗匹配的描述错误的是（　　）	
	A	ECM 模块应用到其他车辆上前，必须在原车上进行复位
	B	由于智能钥匙的 SK 码不能被反复改写，智能钥匙一旦匹配成功，就只能应用到相应 VIN 码的车辆上
	C	如果用户丢失一把智能钥匙，进行防盗匹配时只进行智能钥匙添加操作，则丢失的智能钥匙还能起动车辆
	D	ECM 复位后，不用进行防盗匹配，也能正常起动车辆

问题10	CN210MR 配置 PEPS 系统车型，在 PEPS 系统使用过程中，说法错误的是（　　）	
	A	合法钥匙在左前车门有效范围内，可通过左前车门开关执行开锁
	B	中控门锁处于解锁状态时，开启行李舱盖仍需钥匙验证
	C	用 PEPS 功能执行上锁时，车内的 3 个天线也会搜索钥匙
	D	车门处于上锁状态，使用合法钥匙单独开启行李舱盖时，只有行李舱盖锁电动机工作

问题11	CN210MR 配置 PEPS 系统车型，以下对 PEPS 系统点火开关的描述正确的是（　　）	
	A	点火开关的电源由低往高切换时，系统必须检测到合法钥匙
	B	可发送低频信号搜寻钥匙，并接收钥匙的高频信号，传递给 PEPS 模块
	C	由于点火开关内有识读线圈，更换点火开关后，需进行防盗匹配
	D	点火开关内有两个霍尔式传感器，以识别用户是否按下

问题12	CN210MR 配置 PEPS 系统车型，更换相关部件后，以下说法错误的是（　　）	
	A	更换 ECM 模块、BCM 模块、PEPS 模块和 ESCL 模块中的任何一个后必须进行匹配
	B	正常工作车辆的 PEPS 模块安装到其他车辆上，必须在原车上进行 PEPS 模块复位
	C	正常工作车辆的 ESCL 模块安装到其他车辆上，必须在原车上进行 ESCL 模块复位
	D	更换新 PEPS 模块，只需进行 PEPS 匹配

问题13	CN210MR 配置 PEPS 系统车型，按下车门把手开关进行解锁时，以下描述正确的是（　　）	
	A	车门把手开关传递低电位信号给 BCM 模块，BCM 模块将操作请求通过 CAN 线传送给 PEPS 模块
	B	遥控器通过车门把手天线传送高频信号给 PEPS 模块
	C	PEPS 模块激活车内所有天线寻找钥匙
	D	BCM 执行中控门锁的开锁动作

第二章 安全与防护系统

问题 14		CN210MR 配置 PEPS 系统车型，如果车辆在起动时出现起动机运转一下就停的故障现象，则可能的故障原因是（　　）
	A	点火开关故障
	B	车内天线故障
	C	起动机电路故障
	D	空档开关到 PEPS 模块空档信号电路开路

问题 15		安全气囊模块报驾驶人引爆器电阻过高的故障码，以下哪个原因没有可能（　　）
	A	安全气囊模块内部故障
	B	驾驶人安全气囊引爆器自身故障
	C	游丝线圈开路
	D	安全气囊线束对搭铁短路

问题 16		以下有关维修安全气囊系统时的要求错误的是（　　）
	A	维修前必须对蓄电池断电，并等待 90s 以上
	B	拆卸后的安全气囊正面朝上放置
	C	当怀疑安全气囊引爆器电阻异常时，用万用表电阻档检测
	D	不能在安全气囊引爆器上放置工具

问题 17		当倒车雷达系统出现异常警告情况时，以下哪种原因没有可能（　　）
	A	超声波传感器上有异物
	B	周围有同频率的超声波信号
	C	某一个超声波传感器信号线对搭铁短路
	D	车上加装的无线电设备干涉

2. 多项选择题

问题 1		CN113R 车型，发动机防盗验证不能通过的原因有哪些（　　）
	A	防盗芯片非法或芯片失效
	B	芯片没有进行防盗匹配
	C	防盗天线电源异常
	D	CAN 网络故障

问题 2		CN210MR 配置 PEPS 系统车型，以下哪些情况可能造成 PEPS 系统不能正常工作（　　）
	A	有强磁场影响
	B	ABS 轮速传感器信号缺失
	C	曲轴位置传感器信号缺失
	D	遥控器电池电量不足

问题 3		CN210MR 配置 PEPS 系统车型，下列有关 PEPS 系统说法错误的是（　　）
	A	天线发射高频信号
	B	车内中部天线如果发生故障，则增加钥匙操作一定会失败
	C	起动发动机时，PEPS 模块必须识别出钥匙位置
	D	无钥匙进入功能是由 PEPS 模块直接控制门锁实现的

问题 4		CN113R 车型，安全气囊弹出后，在更换安全气囊系统部件后，为安全起见应如何操作（　　）
	A	把所有引爆器都用 3Ω 的电阻代替，连接到系统电路中
	B	读取安全气囊模块内是否存在故障码
	C	读取安全气囊模块内的数据流是否正常
	D	如果仍存在故障码，则应进行检查维修

问题 5		关于 CN113R 倒车雷达的描述正确的是（　　）
	A	挂倒档后，系统自动启动
	B	每次挂倒档后，系统会进行自检
	C	蜂鸣器与模块一体
	D	如果一个超声波传感器损坏，则整个系统不能工作

3. 问答题

1）简述 CN113R 发动机防盗系统的认证过程。

2）简述 CN210MR 的 PEPS 系统无钥匙进入过程。

4. 思考与讨论

对用无钥匙功能不能解锁故障，可利用哪些方法快速诊断。

第三章 仪表与多媒体系统

●**学习要点**：
1）仪表系统故障的分析与诊断。
2）多媒体系统故障的分析与诊断。

●**学习目标**：
1）能够执行仪表系统故障的分析与诊断。
2）能够执行多媒体系统故障的分析与诊断。

第一节 仪表系统

仪表系统是向驾驶人实时提供汽车整体运行状态及各系统工作状况的信息显示系统，是保障行车安全和车辆正常工作的不可缺少的系统之一，应具有耐用、耐振动、显示醒目等特征，如图 3-1 所示。

图 3-1 仪表系统

一、仪表系统的功能与组成

1. 仪表系统的功能

如图 3-2 所示，仪表系统的主要作用是向驾驶人指示车辆的运行状态，当车辆出现异常状态时提醒驾驶人及时检查或维修。仪表指示形式大体有 3 种：
1）指针。
2）指示灯。
3）信息显示器。

2. 仪表总成

如图 3-3 所示，仪表总成包含以下部件：

图 3-2 仪表系统的功能

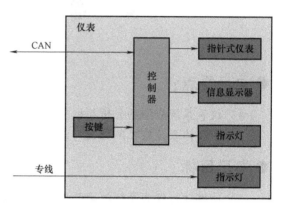

图 3-3 仪表总成

1) 指针式仪表。常见的有发动机转速表、车速表、冷却液温度表和燃油表等。
2) 指示灯。常见的有系统故障指示灯、电器工作状态指示灯等。
3) 信息显示器。显示车辆的燃油消耗信息、里程信息等。
4) 按键。用于切换显示器显示界面。
5) 控制器。用于接收外部提供的信息以及按键信息，控制指针式仪表、指示灯和显示器工作。

二、仪表系统的工作原理

1. 指针式仪表

指针式仪表按照内部结构和原理的不同分为电磁式和动磁式。

（1）电磁式仪表

1) 电磁式仪表结构。如图 3-4 所示，电磁式仪表有两组线圈，其中 A 线圈匝数比 B 线圈匝数少，仪表指针由软铁驱动。

2) 电磁式仪表的原理。如图 3-5 所示，在点火开关关闭时，A 线圈始终通电，B 线圈

图 3-4 电磁式仪表的结构

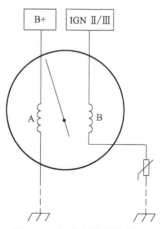

图 3-5 电磁式仪表的原理

断电，A 线圈产生的磁场使指针指向最左侧。点火开关打开后，B 线圈产生磁场，指针的指向取决于两组线圈的磁场强度。当 B 线圈外接可变电阻或模块控制器时，其内部电流发生变化，进而使磁场强度变化，驱动指针指向变化。

电磁式结构常用于冷却液温度表、燃油表、发动机转速表和车速表。

传统冷却液温度表和燃油表的线圈电流由热敏电阻或可变电阻控制。目前则多以 CAN 网络为基础，由集成在仪表总成中的控制器进行控制。

发动机转速表和车速表通过接收频率信号来改变线圈磁场强度，频率越高，B 线圈的磁场强度越高，指针越偏向右侧。

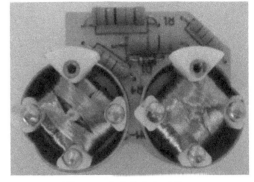

图 3-6 动磁式仪表结构

（2）动磁式仪表

1）动磁式仪表的结构。如图 3-6 所示，两组线圈互相垂直地缠绕在一个矩形塑料架上，塑料套筒轴承和金属轴穿过交叉线圈，金属轴上装有永磁铁转子，转子与指针相连。

2）动磁式仪表的原理。如图 3-7 所示，动磁式仪表的工作原理与电磁式仪表基本相同。

2. 指示灯

如图 3-8 所示，目前大多车辆都采用二极管式指示灯。指示灯的控制方式分为两大类，一类是由仪表总成控制，另一类是由专线控制。依据不同的功能，指示灯在颜色上有差异，常用的颜色有红色、黄色、绿色和蓝色。

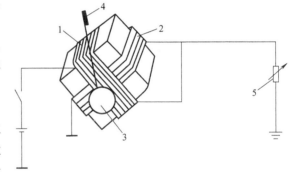

图 3-7 动磁式仪表的原理
1—左线圈 2—右线圈 3—永磁铁转子 4—指针 5—可变电阻

1）红色：一般用于指示影响车辆行驶安全性和行驶性能的功能，如驻车制动指示灯、机油压力指示灯和充电指示灯等。

2）黄色：一般用于指示影响车辆行驶性能但不影响行驶安全性的功能，如发动机排放超标指示灯。

3）绿色：一般用于指示车辆的工作状态，如转向灯开启指示灯、雾灯开启指示灯等。

4）蓝色：一般用于指示前照灯的远光工作状态。

3. 信息显示器

如图 3-9 所示，信息显示器依据内部结构的不同分为真空荧光管式、液晶式和二极管式等。它们都通过控制器控制不同字符段的发光件点亮或熄灭来形成图形信息，如 CN113R 的发动机冷却液温度、燃油油位和行驶里程等显示信息。

三、仪表系统信息传输方式

CN113R 和 CN210M 车型都采用 CAN 网络，其仪表总成中的指针式表、指示灯和显示

图 3-8 指示灯

图 3-9 信息显示器

器大多由 CAN 网络获取信息，再由控制器控制。

为防止 CAN 网络出现故障导致不能及时向驾驶人指示重要信息，有些执行元件由传感器、开关或其他模块以专线方式控制。

1. 仪表与发动机相关的信息传输（图 3-10）

1）发动机转速表、车速表、冷却液温度指示灯和燃油油位警告灯的信息是由 ECM 通过 CAN 网络发送给仪表总成的。ECM 获取发动机转速信息是通过曲轴位置传感器，获取车速信息是通过车速传感器，获取冷却液温度信息是通过与发动机电控系统共用的冷却液温度传感器，获取燃油油位信息是通过燃油油位传感器。

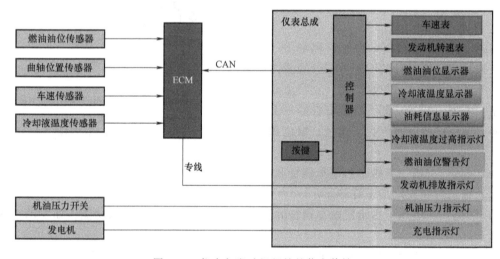

图 3-10 仪表与发动机相关的信息传输

2）ECM 依据冷却液温度过高的设定值、燃油油位过低的设定值来请求仪表总成点亮或熄灭对应的指示灯。

3）油耗信息由 ECM 依据喷油脉宽、车辆行驶里程等信息综合计算得出后，通过 CAN 线发送给仪表总成，仪表总成控制器控制显示器显示相应信息。

4）发动机排放指示灯由 ECM 通过专线进行控制。

5）机油压力指示灯、充电指示灯分别由机油压力开关和发电机控制，与传统车辆的控制方式相同。

2. 仪表与发动机以外相关的信息传输（图 3-11）

1）ABS 故障指示灯和 EBD 故障指示灯由 EBCM 模块通过 CAN 网络向仪表总成发出工作状态请求信息。

2）EPS 故障指示灯由 EPS 模块通过 CAN 网络向仪表总成发出工作状态请求信息。

3）SDM 故障指示灯由 SDM 模块通过 CAN 网络向仪表总成发出工作状态请求信息。

4）左右转向灯、前后雾灯、前照灯、车门门边开关将请求信号直接传输给 BCM，BCM 再通过 CAN 网络向仪表总成发出工作状态请求信息。

5）BCM 通过专线直接将小灯开启或关闭的信息发送给仪表总成。

6）驻车制动开关和制动液液位开关并联后，直接控制驻车制动指示灯。

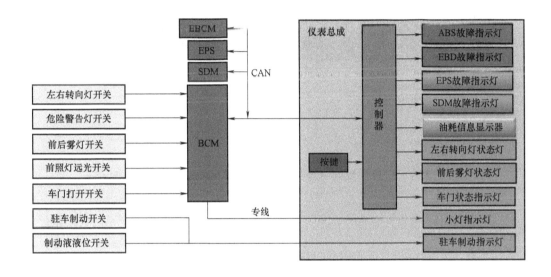

图 3-11 仪表与发动机以外相关的信息传输

四、仪表系统的故障诊断

仪表系统常见的故障有仪表信息不显示和不准确两大类。下面以 CN113R 车门打开指示灯不亮和燃油油位指示不准确为例，讲解故障诊断方法。

1. 车门打开指示灯不亮

（1）故障分析

如图 3-12 所示，车门门边开关将信号传送给 BCM，BCM 再通过 CAN 线将信号发送给仪表总成，控制器指令车门打开指示灯熄灭或点亮。

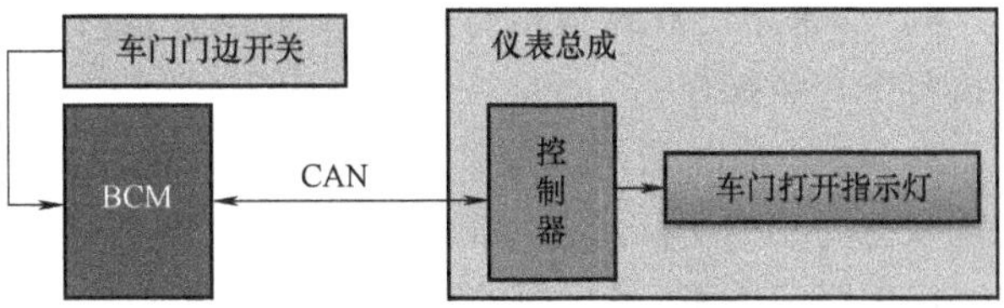

图 3-12 车门打开信号传送过程

导致车门打开指示灯工作异常的原因有：

1）车门门边开关及其电路故障。电路开路、短路或虚接，或开关本身故障，可通过测量电压或电阻的方法来判断。也可通过诊断仪读取 BCM 车门门边开关状态数据来判断信号电路是否正常。

2）BCM 故障。

3）仪表总成故障。可通过诊断仪特殊功能指令来判断是否为仪表总成故障。

4）CAN 线故障。如果 CAN 线出现开路、短路等故障导致网络通信异常，则可通过诊断仪的通信情况来判断。网络异常会导致很多故障，且可能更为严重，因此 CAN 线故障导致车门打开指示灯不亮的可能性较小。

（2）故障诊断

1）如图 3-13 所示，可借助诊断仪进行快速判断。选择仪表系统，进入"特殊功能"，选择"指示灯控制"数据项。

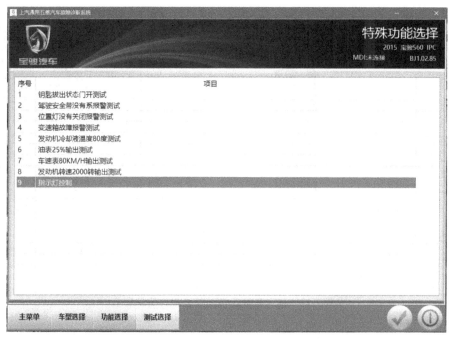

图 3-13　仪表诊断仪特殊功能指令列表

2）分别选择两项操作，观察车门打开指示灯的状态，如图 3-14 所示。

3）如果车门打开指示灯不能正常工作，则是仪表总成故障，需更换仪表总成。

4）如果车门打开指示灯能正常工作，则可能是 BCM 或车门门边开关及其电路故障，需执行下一步操作。

5）如图 3-15 所示，用诊断仪进入 BCM，查看数据流中四个车门状态的数据项。如果数据状态与车门实际状态一致，则可能是 BCM 故障，需更换 BCM 进行尝试。如果数据状态与车门实际状态不一致，则需执行下一步操作。

6）利用万用表测量电阻或电压判断车门门边开关及其电路是否存在故障。

2. 燃油油位指示不准确

（1）故障分析

如图 3-16 所示，燃油油位传感器将信号传送给 ECM，ECM 再通过 CAN 线将信号发送给仪表总成，控制器指令燃油油位显示器显示燃油量。

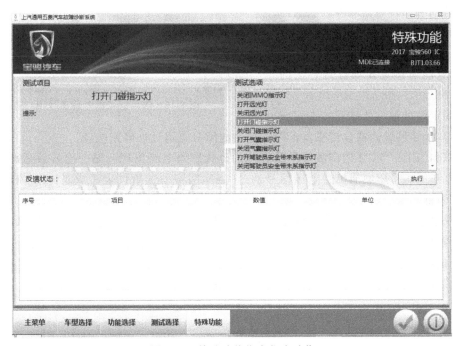

图 3-14 特殊功能指令仪表动作

图 3-15 诊断仪 BCM 数据

导致燃油油位指示不准确的原因有：

1）燃油油位传感器到 ECM 的电路故障。需检查电路是否存在开路、虚接、对搭铁或电源短路的故障。

2）燃油油位传感器故障。燃油油位传感器因触点脏污，或断格、变形导致电阻不能随油位变化而准确变化。这类故障只能通过更换油位传感器的方法来解决。

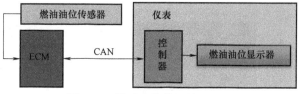

图 3-16　燃油油位信号传送过程

3）固定燃油油位传感器的支架或燃油箱内异常导致燃油油位传感器卡滞。这类故障只能通过拆解来检查。

4）ECM 故障。ECM 内部故障导致燃油油位传感器电路出现开路、虚接或短路的故障，或 ECM 内部不能将燃油油位的电压信号通过 CAN 网络发送给仪表总成。ECM 内部故障只能通过整体更换模块的方式来解决。

5）仪表总成故障。仪表总成电路异常，或执行器元件老化、虚接等。这类故障只能通过更换仪表总成的方法来解决。

（2）故障诊断

可借助诊断仪来快速判断。查看 ECM 数据流中"仪表显示数据"项，观察"油位"数据，如图 3-17 所示。

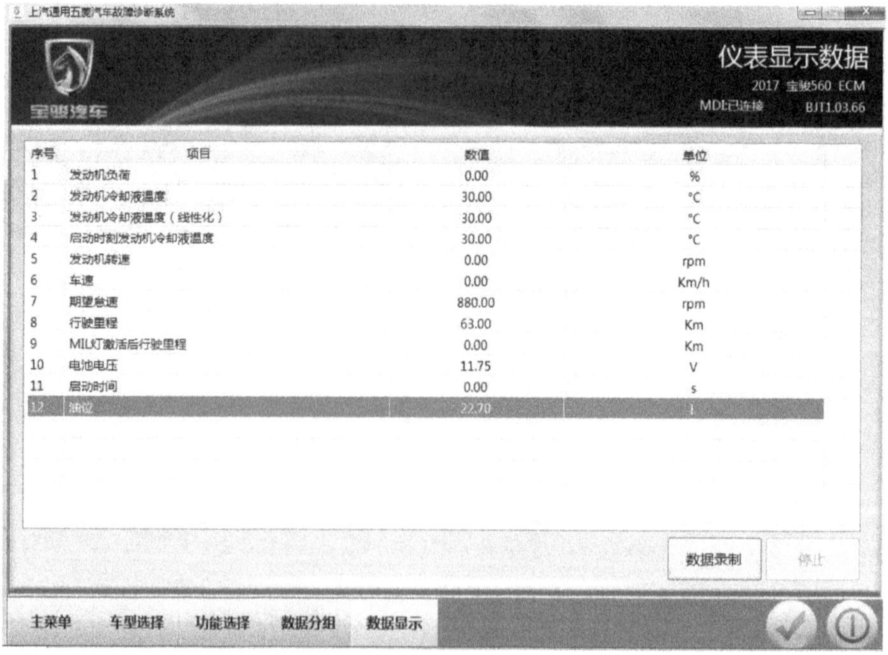

图 3-17　诊断仪 ECM 数据流"仪表显示数据"项

1）如果诊断仪显示的燃油量与仪表指示不一致，而与燃油箱内实际燃油量一致，则说明可能是仪表总成故障，需更换。

2）如果诊断仪显示的燃油量与仪表指示一致，而与燃油箱内实际燃油量不一致，则说明可能是传感器电路、传感器自身或传感器安装问题，也可能是 ECM 故障，需执行下一步操作。

3）在 ECM 插接器处测量燃油油位传感器侧的阻值，如果测量值与燃油箱实际油量一致，则可能是 ECM 故障。如果不一致，则需执行下一步操作。

4）利用万用表测量电压或电阻来判断燃油油位传感器及其电路是否存在问题。如果未发现问题，则需进一步检查传感器支架或燃油箱内是否有干涉现象。

第二节 多媒体系统

将收音机、导航、蓝牙电话等功能集成于一体的系统称为多媒体系统，如图 3-18 所示。

图 3-18 多媒体系统

一、多媒体系统的组成与基本原理

1. 收音机

（1）收音机的组成

如图 3-19 所示，收音机由机械器件、电子器件和磁铁等部件组成，收音机将从天线接收到的高频信号经检波（解调）还原成音频信号，传送到扬声器变成声波，使人耳可听。

（2）收音机的基本原理

图 3-20 所示为无线电波的加载。广播电台播出节目时首先将声音通过传声器转换成音频电信号，经放大后被高频信号（载波）调制。这时，高频载波信号的某一参量随着音频信号做相应变化，使要传送的音频信号包含在高频载波信号中。高频信号再经放大形成高频

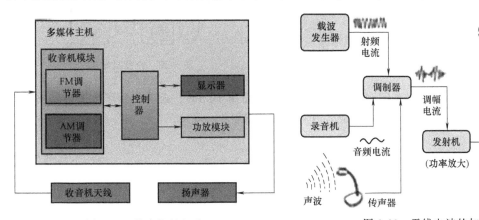

图 3-19 收音机的组成　　　　图 3-20 无线电波的加载

电流，高频电流流过天线时，形成高频电磁波向外发射。一个电台的一套广播节目，以一个固定频率向外发射电磁波。

高频电磁波并不含有任何信息，只起到"运载工具"的作用，因此又称载波。如某广播电台的频率为540kHz就是载波频率。要传送的广播节目的频率要比载波频率低得多，在30~15000Hz之间，称为音频信号或低频信号。低频信号的传输距离较近，必须设法将它与高频载波叠加起来，才能达到远传的目的，这种叠加过程称为调制。

常用的调制方式有两种（图3-21）：

1）调幅。如果被控制的是高频振荡的幅度，或使高频振荡的幅度随音频信号的变化而变化，则这种调制方式称为调幅。

2）调频。如果被控制的是高频振荡的频率，或使高频振荡的频率随音频信号的变化而变化，则这种调制方式称为调频。

用于无线广播的无线电频率非常多，一个频率对应一个电台的一套广播节目，而一台收音机一次只能收听一个频率的广播节目。收音机首先通过天线将各种频率的无线电波接收进来，然后通过一个具有选择功能的电路来选取节目频率（图3-22），同时将其他频率的节目（无线电波）滤除。这一选择过程就是选台，即调谐。

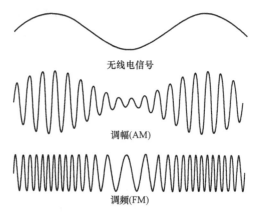

图3-21 无线电波的调制方式

接收到某个电台节目的高频电波后，将"搭载"在电波上的声音信息取下，这一过程称为解调（图3-23）。解调是通过特别设计的电路完成的。

图3-22 收音机节目的选择

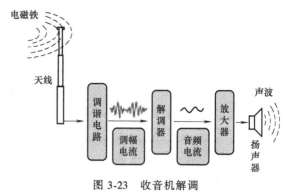

图3-23 收音机解调

从无线电波上解调出来的声音信号较弱，人耳是听不到的，还要用功率放大电路将其放大，再通过扬声器或耳机才能还原成人耳可听的声音。

2. 导航系统

（1）导航系统的功能

车载导航系统通常可实现行车导航、路线推荐、信息查询等功能。驾驶人只需通过观看显示器上的画面、收听语音提示，即可轻松完成预定行程。目前，车载导航系统大多基于GPS（全球卫星定位系统）。

(2) 导航系统的组成

如图 3-24 所示，车载导航系统主要由导航模块、导航显示终端（显示器）、功放模块、导航天线和扬声器等组成。导航模块主要由定位接收器和电子地图数据组成。

(3) 导航系统的基本原理

如图 3-25 所示，导航模块内的定位接收器通过导航天线接收至少 3 颗导航卫星所传送的方位信息。导航模块将导航卫星传送的方位信息与电子地图数据匹配后，便可确定车辆在电子地图上的准确位置。

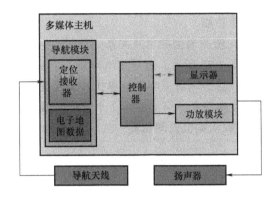

图 3-24 导航系统的组成

图 3-25 导航系统的工作原理示意

3. 蓝牙系统

(1) 蓝牙系统的功能

蓝牙技术是一种短距离（一般小于 10m）的无线通信技术（图 3-26），它能有效简化计算机和移动电话等终端设备之间的通信过程。

(2) 蓝牙系统的组成

如图 3-27 所示，蓝牙系统由以下部分组成：

1) 蓝牙模块与天线，集成在多媒体主机内。

图 3-26 蓝牙通信

2) 控制器，负责将蓝牙模块接收的信息分配给显示器和功放模块，同时接收蓝牙传声器信号和显示器操作键信息。控制器会将接收的信号通过蓝牙模块发送给附近的蓝牙设备，实现通话功能。

(3) 蓝牙通信的主从关系

如图 3-28 所示，蓝牙技术规定一对设备之间进行蓝牙通信时，必须设置一个主端和一个从端，且必须由主端进行查找并发起配对。建链成功后，双方即可收发数据。理论上，一个蓝牙主端设备，可同时与 7 个蓝牙从端设备进行通信。一个具备蓝牙通信功能的设备，可以在主端/从端模式间切换。

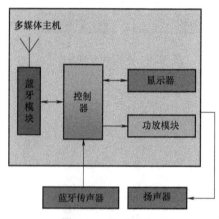

图 3-27　蓝牙系统组成

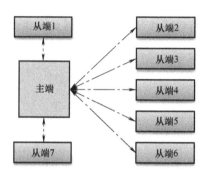

图 3-28　蓝牙通信的主从关系

(4) 蓝牙电话呼叫过程

如图 3-29 所示，当已经配对成功的智能手机有来电时，智能手机通过内部蓝牙模块将来电信息发送给多媒体主机的蓝牙模块。蓝牙模块接收到信息后再将其传输给多媒体控制器，控制器控制显示器显示来电信息。

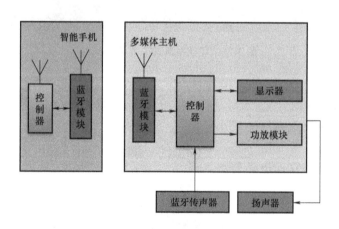

图 3-29　蓝牙电话呼叫过程

驾驶人操作显示器的虚拟按键，触发相应信号并传输给多媒体控制器。多媒体控制器将信号传输给蓝牙模块，蓝牙模块再将信号传输给智能手机。智能手机识别蓝牙模块的信息后执行相应动作。

4. 倒车影像系统

（1）倒车影像系统的功能

如图 3-30 所示，倒车影像系统能将车辆后方的影像输出到多媒体系统的显示器中，并同时呈现转向随动辅助线，使驾驶人能在倒车时观察车辆后方情况，保障行车安全。

（2）倒车影像系统的组成

如图 3-31 所示，倒车影像系统由以下部分组成：

1）显示器：显示车辆后方影像及转向辅助线。

2）控制器：激活摄像头并接收摄像头的视频信息，将视频信息呈现到显示器上。

3）摄像头：提供视频信息。

图 3-30　倒车影像系统

4）BCM：监测到倒档信号后，将信号通过 CAN 网络发送给多媒体主机。多媒体主机接收到倒档信号后激活摄像头，并将显示器画面切换为摄像头画面。

5）EPS 模块：将转向盘转角信息通过 CAN 网络发送给多媒体主机。多媒体主机指令显示器显示相应转向辅助线。

（3）倒车影像系统的基本原理

驾驶人挂倒档后，倒档开关向 BCM 传送倒档信号。BCM 通过 CAN 网络向多媒体主机发送倒档信号，多媒体主机激活摄像头。摄像头将影像传输给多媒体主机。多媒

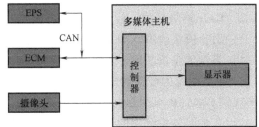

图 3-31　倒车影像系统的组成

体主机控制显示器显示摄像头影像。同时，EPS 模块将转向盘转角信息通过 CAN 网络传输给多媒体主机。多媒体主机指令显示器显示相应转向辅助线。

二、多媒体系统的故障诊断与维修

1. 音响没有声音

可能的故障原因如下：

1）音响设置为静音模式。观察显示器是否显示"MUTE"。如果显示则说明已按下静音键，再次按压即可解除。

2）音响设置错误。在音响效果设置界面，将所有调节滑块都置于中间位置。

3）扬声器电路某一处或多处对搭铁短路。在音响主机插接器处测量各扬声器电路对搭铁的电阻，正常为无穷大。

4）扬声器电路开路。在音响主机插接器处，测量一个扬声器的两个电极之间的阻值，正常值为扬声器的阻抗值，一般为 4~8Ω。

5）音响主机电路故障。测量音响主机的电源、搭铁电路是否正常。

6）音响主机故障。如果以上检测均正常，则应更换音响主机。

2. 收音机收不到信号或有噪声

可能的故障原因如下：

1）车辆周围有遮挡物，例如车辆停于地下车库。将车辆移动到开阔地再次尝试。

2）周围环境有电磁干扰。将车辆移动到其他地方再次尝试。

3）收音机天线开路、对搭铁或对电源短路。

4）音响主机故障。

5）车辆上其他电气元件干扰。如更换了非原厂火花塞、高压线、起动机和刮水器电动机等。

3. 导航系统接收不到卫星信号

可能的故障原因如下：

1）车辆周围有遮挡物。将车辆移动到开阔地再次尝试。

2）导航天线开路、对搭铁或电源短路。

3）导航模块故障。

4. 倒车时没有转向辅助线

可能的故障原因如下：

1）EPS 模块转角零位没有学习，执行转角零位学习。

2）CAN 网络故障。检查多媒体系统到 CAN 网络之间的电路是否存在开路故障。

3）EPS 模块故障。如 EPS 内部转向盘转角传感器故障等。

4）多媒体主机故障。可更换多媒体主机后再尝试。

5. 导航系统的地图数据升级

现以 CN113R 车型为例介绍导航系统的地图数据升级过程。

1）在多媒体系统中的导航系统界面点击"设置"按键，如图 3-32 所示。

2）点击"系统"按键，进入"系统信息"界面，如图 3-33 所示。

图 3-32 导航系统界面

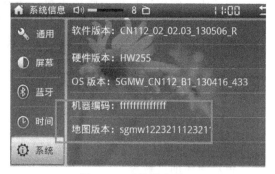

图 3-33 系统信息界面

3）查看并记录导航系统序列号（机器编码）和地图版本号。

4）如图 3-34 所示，打开激活网址（http://sgmw.navinfo.com/default.asp），输入厂家下发给经销商的账号和密码，点击"登录"按键，进入代购界面，输入序列号，如图 3-35 所示。

5）输入完成后，点击"下一步"按键，进入"导航电子地图选购"界面，如图 3-36

图 3-34　激活码下载网站主页

图 3-35　代购界面

所示。此界面仅显示当前最新一版地图，可根据需要点击"更多历史版本…"链接，查看其他版本地图信息，如图 3-37 所示。若最新版本地图与抄录下的地图版本一致，则说明当前系统中的地图已经为最新版本，无需更新。

图 3-36　导航电子地图选购界面

图 3-37　更多历史版本地图界面

6）若最新版本地图与抄录下的地图版本不一致，且点击"更多历史版本…"链接可发现抄录的地图版本，则说明当前系统中的地图已经过时，需要更新。选择与第5步一致版本的地图，点击"下一步"按键，进入"选购清单"界面。按照要求填写详细信息，为便于问题追溯，车辆识别号信息必须填写，如图3-38所示。

...导航电子地图选购清单...

- 汽车、导航仪： 上汽通用五菱汽车专用地图
- 导航仪序列号： 80262375130301123456（历史订单）
- 购 买 方 式： 续购（第1次更新地图）
- 导航电子地图： 上汽通用五菱导航电子地图（版本号：sgmw1223131023131，出版日期：2013年4月第1版）
- 区域激活选择： ☑ 全国区域
- 产 品 介 质： ⊙ 无

称呼	⊙ 先生　○ 女士
姓名	XXX
证件类型	身份证
证件号码	XXXXXXXXXXXXXXXXXX
车辆识别号(VIN)*	LZWADAGA6B4522914
手机	139XXXXXXXX
固定电话	010-XXXXXXXX
Email	XXX@XXX.com
通信地址	北京市朝阳区XXXXXXX
邮编	XXXXXX
备注	

- 经销商：德赛五菱售后服务中心　业务员：五菱先生

图3-38　填写车辆信息

7）信息填写完成后，点击"下一步"按键，进入确认订单界面，如图3-39所示。

核对信息无误后，点击"下一步"按键，系统会显示确认窗口，如图3-40所示。

8）点击"确定"按键，进入密码卡支付界面，如图3-41所示。

向用户索要密码卡（图3-42）并刮开密码涂层，将密码输入到"支付密码"一栏，在"确认支付密码"一栏再次输入密码，在"校验码"一栏输入校验码。

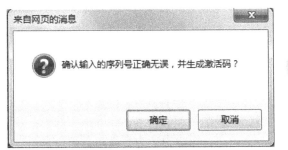

图3-39 确认订单

图3-40 确认生产激活码窗口

图3-41 密码卡支付界面

9)点击"下一步"按键,进下载激活码界面,如图3-43所示。点击"下载",即可下载激活码文件,如图3-44所示。

10)将"Key.rar"压缩包保存并解压至计算机桌面。

11)使用读卡器,将SD卡插入指定计算机,将原地图文件"ChinaMap"删除,复制本地端存储的最新地图数据"ChinaMap"。将解压后的激活码文件"Key.dat"复制到"ChinaMap"文件夹内,如图3-45所示。

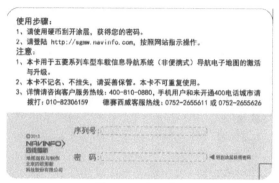

图 3-42 密码卡

图 3-43 下载激活码界面

图 3-44 激活码文件

图 3-45 激活码存储路径

12）取下 SD 卡，并装入多媒体主机，检查导航功能是否能正常使用。

第三节 学习成果自检

请通过思考以下问题对学习成果进行自检，并填写下列表格。

序号	问题	自检结果
1	仪表指示信息是如何分类的?仪表系统由哪些部件组成?	
2	电磁式指针仪表如何工作?	
3	CN113R 仪表系统的信息是如何传送的?	
4	燃油油位显示器指示不准确时,如何检查?	
5	收音机是如何工作的?导航系统是如何定位的?	
6	音响工作时扬声器没有声音,可能的故障原因是什么?CN113R 的导航系统地图数据如何升级?	

第四节 章练习题

1. 单项选择题

	以下对于电磁式仪表描述正确的是（　　）	
问题1	A	有一组线圈
	B	指针是由双金属片驱动的
	C	线圈的作用是加热
	D	通过改变一组线圈的电流强度来改变磁场强度

	以下对于 CN113R 仪表信息传输描述错误的是（　　）	
问题2	A	冷却液温度传感器信号直接传输给仪表
	B	燃油油位传感器将信号传输给 ECM,再通过 CAN 线传输给仪表
	C	危险警告灯开关将信号传输给 BCM,再通过 CAN 线传输给仪表
	D	发动机故障指示灯由 ECM 直接控制

	以下对于 CN113R 的 EPS 故障指示灯常亮故障诊断的描述错误的是（　　）	
问题3	A	可能的故障原因是 EPS 模块内部故障
	B	可能的故障原因是仪表外部的 EPS 故障指示灯电路对搭铁短路
	C	利用仪表的动作测试功能来判断仪表自身是否存在故障
	D	CAN 网络出现异常,也可能导致 EPS 故障指示灯常亮

	以下对于蓝牙通信的描述错误的是（　　）	
问题4	A	蓝牙是一种无线通信技术
	B	蓝牙系统的信息传输范围一般在 10m 以内
	C	通信为开放式,只要周围有蓝牙设备,就会自动连接
	D	蓝牙设备之间有主从关系

	以下对于导航系统的描述错误的是（　　）	
问题5	A	利用导航卫星进行定位
	B	接收 3 颗及以上导航卫星的数据后才能进行定位
	C	每颗导航卫星都安装有时钟
	D	如果地图数据不能更新,则导航系统不能运行

2. 多项选择题

问题1		对于CN113R的仪表系统，通过CAN线传输信号的是（　　）
	A	SDM故障指示灯
	B	驻车制动灯
	C	前雾灯开启指示灯
	D	EPS故障指示灯

问题2		CN113R的冷却液温度指示异常，以下故障诊断描述正确的是（　　）
	A	可能为冷却液温度传感器故障
	B	通过诊断仪读取ECM内的冷却液温度数据流来判断信号是否正常
	C	可能为ECM的搭铁线虚接
	D	如果诊断仪读取的冷却液温度数据流正常，则可判定仪表本身出现故障

问题3		收音机扬声器没有声音，可能的故障原因是（　　）
	A	音响设置错误
	B	扬声器电路对搭铁短路
	C	车辆周围有遮挡物
	D	周围环境有电磁干扰

问题4		导航系统搜索不到导航卫星信号，可能的故障原因是（　　）
	A	音响主机的电源有故障
	B	导航天线开路
	C	导航天线对搭铁短路
	D	车辆周围有遮挡物

3. 问答题

1) CN113R的多媒体系统具有哪些功能？

2) CN113R的导航系统地图数据是如何升级的？

4. 思考与讨论

1) 车辆出现燃油油位显示器指示不准确故障时，如何快速判断仪表系统是否存在故障?

2) 果倒车时多媒体系统显示器上没有出现转向辅助线,则可能的故障原因有哪些?

第四章 自动空调系统

● 学习要点：

1) 自动空调系统控制功能。
2) 自动空调系统的组成与原理。
3) 自动空调系统故障诊断。

● 学习目标：

1) 熟悉自动空调系统控制功能。
2) 了解自动空调系统的组成与原理。
3) 能够对自动空调系统进行故障诊断。

第一节 自动空调系统的功能

下面以 CN210MR 车型的自动空调（图 4-1）为例进行讲解。

图 4-1 自动空调

自动空调系统具有自动控制和手动控制两种模式。

一、自动模式

按下 AUTO 键后，AUTO 键指示灯点亮，空调显示器显示 AUTO 字样及相关图标，自动空调系统进入自动模式。旋转温度控制旋钮设置温度后，系统会自动控制出风温度、吹风模式、风量、内/外循环模式以及 A/C（压缩机）等功能。

只有上述全部功能均处于 AUTO 状态时，AUTO 键指示灯才会点亮，显示器才会显示 AUTO 字样。在自动模式下，如果手动操作风量、吹风模式、内外循环和 A/C 中的任何一项功能，则相应功能不再由系统自动控制，此时 AUTO 键指示灯熄灭，显示器中的 AUTO 字样消失，但其他功能仍处于自动控制状态。

AUTO 键为自复位式按键开关，按下 AUTO 键进入自动模式后，再按下该键仍会处于自动模式，不会退出转为手动模式，需通过手动设定各项功能来退出。

自动模式设置方法：

1）按下 AUTO 键，显示器显示 AUTO 字样。

2）转动温度控制旋钮，选择需要的车内温度。此时风量、吹风模式、A/C、出风温度和内/外循环模式等功能均进入自动控制状态。

二、手动模式

1. A/C 键

A/C 键为自复位式按键开关。按下 A/C 键，打开压缩机时，A/C 键指示灯点亮，输出高电平，压缩机反馈工作信号后，显示器显示 A/C 字样；关闭压缩机时，A/C 键指示灯熄灭，显示器中的 A/C 字样消失。在不同的空调工作状态下操作 A/C 键，功能见表 4-1。

表 4-1 A/C 键功能

空调状态	操作	功 能
关闭	A/C 键	空调系统启动模式，进入手动模式，A/C 请求开启，出风温度、出风模式、内/外循环模式和风量处于最近一次关闭前非除霜状态时的状态
除霜		空调系统不退出当前状态，A/C 请求切换一次
手动模式		空调系统不退出当前状态，A/C 请求切换一次
AUTO 模式		空调系统 A/C 请求切换一次，A/C 退出自动控制状态，同时 AUTO 键指示灯熄灭；出风温度、内/外循环模式、出风模式和风量保持自动控制状态

2. 空气分配模式切换键（MODE 键）

MODE 键为自复位式按键开关，按下 MODE 键，出风模式按吹面→吹面吹脚→吹脚→吹脚吹窗→吹面的顺序切换。同时，显示器显示相应出风模式图标。在不同的空调状态下按下 MODE 键，功能见表 4-2。

表 4-2 MODE 键功能

空调状态	操作	功 能
关闭	MODE 键	空调系统启动，压缩机、设定温度、出风模式、内/外循环模式和风量返回最近一次关闭前非除霜状态时的状态
除霜		空调系统退出除霜状态，出风模式、内/外循环模式、风量和压缩机请求返回最近一次非关闭状态的状态
手动模式		空调系统不退出当前状态，出风模式切换一次
AUTO 模式		空调系统出风模式切换一次并退出自动控制状态，同时 AUTO 键指示灯熄灭。出风温度、内/外循环模式、风量和 A/C 保持自动控制

3. 内/外循环键

内/外循环键为自复位式按键开关。按下内/外循环键，进入内循环模式，内/外循环键指示灯点亮，显示器显示内循环图标；再次按下内/外循环键，进入外循环模式，内/外循环键指示灯熄灭，显示器显示外循环图标。长时间处于内循环状态时有自动换气功能，内循环持续 20min 后，系统自动切换为外循环，持续 30s 后再切换回内循环，换气期间内/外循环键指示灯及显示器图标相应变化。在不同的空调状态下操作内/外循环键，功能见表 4-3。

表 4-3 内/外循环键功能

空调状态	操作	功 能
关闭	内/外循环键	空调系统保持关闭状态,显示器显示相应内/外循环图标(关闭前状态),其余图标均不显示;再按下该键,内/外循环模式切换一次
除霜		空调系统不退出当前状态,内/外循环模式切换一次
手动模式		空调系统不退出当前状态,内/外循环模式切换一次
AUTO 模式		空调系统内/外循环模式在切换一次,内/外循环功能退出自动控制状态,同时 AUTO 键指示灯熄灭。出风温度、内/外循环模式、风量和压缩机保持自动控制状态

4. 前风窗除霜键

前风窗除霜键为自复位式按键开关,按下该键可进入或退出前风窗除霜状态,同时前风窗除霜键指示灯点亮或熄灭,显示器中的相应图标显示或消失。进入除霜状态时,风门处于前风窗除霜位置,若之前风量小于四档,则前风窗除霜时风量为四档。若之前风量大于四档,则前风窗除霜时风量保持之前档位,切换为外循环模式,压缩机请求开启。在不同的空调状态下操作前风窗除霜键,功能见表 4-4。

表 4-4 前风窗除霜键功能

空调状态	操作	功 能
关闭	前风窗除霜键	空调系统退出当前状态,进入除霜状态
除霜		空调系统退出除霜状态,出风模式、内/外循环模式、风量和压缩机请求返回最近一次非关闭状态的状态
手动模式		空调系统退出当前状态,进入除霜状态
AUTO 模式		空调系统退出当前状态,进入除霜状态

5. 后风窗除霜键

后风窗除霜键为自复位式按键开关,按下该键可进入或退出后风窗除霜状态,同时后风窗除霜键指示灯点亮或熄灭,显示器中的相应图标显示或消失。空调系统在任何状态下,按下后风窗除霜键均不会改变当前状态,后风窗除霜功能开启 15min 后自动关闭,之后再按下后风窗除霜键则再次开启 15min。

6. 温度控制拨钮

温度控制拨钮为自复位式按键开关,操作该拨钮,显示器显示相应温度值。向上拨动温度控制拨钮一次,设定温度值增加 0.5℃,最大为 32℃,高于 32℃时显示 HI;向下拨动温度控制拨钮一次,设定温度值减少 0.5℃,最小为 18℃,低于 18℃时显示 LO。空调系统处于非关闭状态,向上长按温度控制拨钮超过 2s,显示器显示的温度值每 0.5s 加 1 档(每档 0.5℃),直至显示 HI。向下长按温度控制拨钮超过 2s,显示器显示的温度值每 0.5s 减 1 档(每档 0.5℃),直至显示 LO。在不同的空调状态下操作温度控制拨钮,功能见表 4-5。

7. 风量控制拨钮

风量控制拨钮为自复位式按键开关,操作该拨钮,显示器显示相应风量。向上拨动风量控制拨钮 1 次,显示器显示的风量增加 1 档,最高为 6 档;向下拨动风量控制拨钮 1 次,显示器显示的风量减少 1 档,最低为 1 档。风量低于 1 档时再向下拨动无效。空调系统处于非

表 4-5 温度控制拨钮功能

空调状态	操作	功能
关闭	温度控制拨钮	空调系统退出关闭状态,设定温度、出风模式、内/外循环模式、压缩机和风量,返回最近一次关闭前非除霜状态时的状态
除霜		空调系统保持当前状态,温度在当前值基础上进行调节
手动模式		空调系统保持当前状态,温度在当前值基础上进行调节
AUTO 模式		空调系统保持当前状态,温度在当前值基础上进行调节

自动面板:当设定温度为 LO 时,温度风门位于最冷端;当设定温度为 HI 时,温度风门位于最热端;其余温度,自动控制温度风门的开度。

关闭状态时,向上长按风量控制拨钮超过 2s,显示器显示的风量每 0.5s 加 1 档,直至 6 档。向下长按风量控制拨钮超过 2s,显示器显示的风量每 0.5s 减 1 档,直至 1 档。自动模式时,风量显示档位是与当前实际输出状态接近的档位;手动模式时显示当前档位。在不同的空调状态下操作风量控制拨钮,功能见表 4-6。

表 4-6 风量控制拨钮功能

空调状态	操作	功能
关闭	风量控制拨钮	空调系统启动,风量、压缩机、内/外循环模式、设定温度和出风模式,返回最近一次关闭前非除霜状态时的状态
除霜		空调系统不退出该状态,风量产生相应变化
手动模式		空调系统不退出该状态,风量产生相应变化
AUTO 模式		风量档位在当前基础上变化,退出自动控制模式,同时 AUTO 键指示灯熄灭。出风温度、内/外循环模式、吹风模式和压缩机保持自动控制状态

8. 电源键

电源键为自复位式按键开关,操作该键可打开或关闭空调系统,同时电源键指示灯点亮或熄灭,显示器中的相应图标显示或消失。在不同的空调状态下操作电源键,功能见表4-7。

表 4-7 电源键功能

空调状态	操作	功能
关闭	电源按键	空调系统启动,风量、压缩机、内/外循环模式、设定温度、出风模式,返回最近一次关闭前非除霜状态时的状态
除霜		空调系统关闭,电源键指示灯熄灭,鼓风机关闭,压缩机关闭,切换为外循环模式,显示器仍显示风量及温度图标;后风窗除霜功能保持当前状态,后风窗除霜键指示灯保持当前状态
手动模式		
AUTO 模式		

第二节 自动空调系统的组成与原理

自动空调系统由以下部件组成(图 4-2):
1) 空调控制模块(HVAC 模块)。

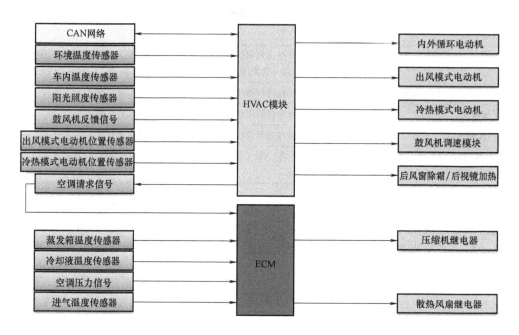

图 4-2 自动空调系统的组成

2）车内温度传感器。
3）环境温度传感器。
4）阳光照度传感器。
5）内外循环电动机。
6）出风模式电动机及其位置传感器。
7）冷热模式电动机及其位置传感器。
8）鼓风机调速模块和鼓风机。
9）BCM。
10）ECM。
11）空调压力开关。
12）蒸发箱温度传感器。
13）进气温度传感器。

一、空调控制模块

如图 4-3 所示，空调控制模块是空调控制系统中最关键的元件，它由控制面板和模块组成，主要功能如下：

1）输出压缩机请求信号。
2）控制鼓风机工作。
3）控制冷热模式电动机工作。
4）控制出风模式电动机工作。
5）控制内外循环电动机工作。

图 4-3 空调控制模块

6) 输出后风窗除霜加热信号。
7) 对自动空调系统进行检测诊断。

二、传感器

1. 阳光照度传感器

如图 4-4 所示，阳光照度传感器安装在前风窗玻璃下部的中控台中央处，用于向空调控制模块提供阳光照度信号。

如图 4-5 所示，阳光照度传感器的主要组成部件为光电二极管。光电二极管是光敏半导体元件，无光照时仅有弱电流通过，有光照后电流强度改变，光照越强，电流强度越大。

明亮或高强度的光照会导致车内温度

图 4-4 阳光照度传感器

升高。空调控制模块会指令增加冷气送入量以降低温度。

如图 4-6 所示，阳光照度传感器为两线式，阳光照度信号直接传输给空调控制模块。

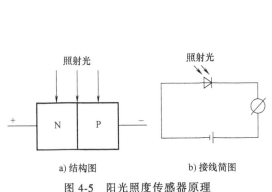

图 4-5 阳光照度传感器原理

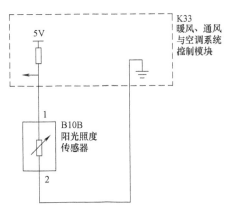

图 4-6 阳光照度传感器控制原理示意

2. 车内温度传感器

如图 4-7 所示，车内温度传感器安装在中控台下方的空气管上。当气流迅速通过时，产生的真空将车内空气吸进传感器，传感器将车内空气温度以电信号的方式发送给空调控制模块，以便其进行温度控制，使车内温度达到设定值。当车内温度达到设定值时，空调控制模块会改变鼓风机转速，调节混合风门的位置。

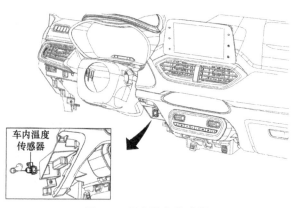

图 4-7　车内温度传感器

3. 环境温度传感器

如图 4-8 所示，环境温度传感器一般安装在车首进气格栅附近，用于感知车外温度，发送电信号给空调控制模块。空调控制模块将环境温度与车内温度进行比较，以确定空调系统工作模式。

若车辆长时间怠速运行，则该传感器会受到发动机热辐射影响，进而产生温升，这是正常现象，一旦车辆正常行驶该现象很快就会消失。

若环境温度传感器发生故障，则系统会默认环境温度为 25℃，进入传感器失效模式，以确保自动空调系统不会因此而失效。若故障消失，则系统会自动监测并恢复正常模式。

4. 进气温度传感器

如图 4-9 所示，ECM 利用发动机电控系统的进气温度传感器来判断环境温度。如果环境温度低于 6℃，即使空调控制模块发送了开启空调的请求信号，ECM 也不会指令压缩机工作。

5. 空调压力开关

空调压力开关如图 4-10 所示。空调压力开关采用四线式，高压线和低压线串联在一起，还有一个中压开关，压力信号传输给 ECM。空调压力开关的作用是在空调压力发生变化时，改变散热风扇转速。

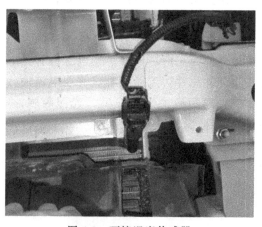

图 4-8　环境温度传感器

图 4-9　进气温度传感器

图 4-10　空调压力开关

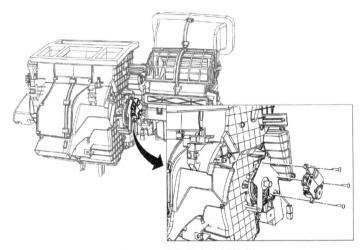

图 4-11 冷热模式风门控制

6. 冷热模式电动机及其位置传感器

冷热模式电动机用于驱动冷热模式风门，如图 4-11 所示。

如图 4-12 所示，冷热风门由一个两线式直流电动机驱动，空调控制模块通过一个三线式位置传感器监测冷热风门运行状态。

7. 出风模式电动机及其位置传感器

出风模式电动机用于驱动风道调节机构向目标风向动作，其结构及控制原理与冷热模式电动机一致，如图 4-13 所示。

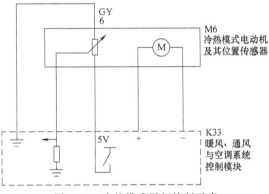

图 4-12 冷热模式风门控制示意

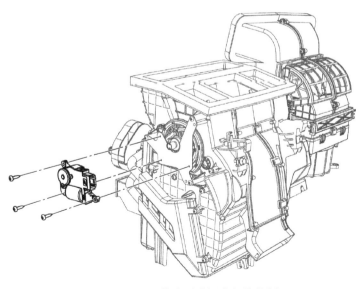

图 4-13 出风模式风道调节机构控制

三、执行器

1. 内外循环电动机

内外循环电动机如图 4-14 所示，它用于驱动内外循环风门。如图 4-15 所示，内外循环电动机由空调控制模块进行正反转控制。

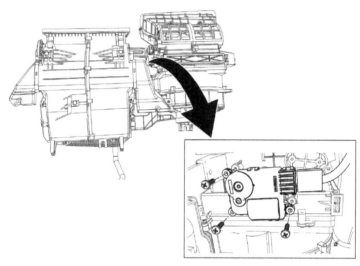

图 4-14　内外循环电动机

2. 鼓风机调速模块

如图 4-16 所示，鼓风机调速模块实际上是一个场效应晶体管，它取代了调速电阻，用于接收空调控制模块的信号，控制鼓风机在不同转速下运转。场效应晶体管的原理，可以简单理解为输入高低不同的电压信号，控制输出不同强度的电流。

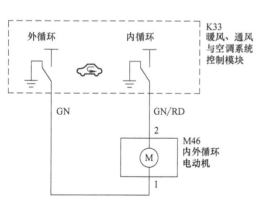

图 4-15　内外循环电动机控制示意

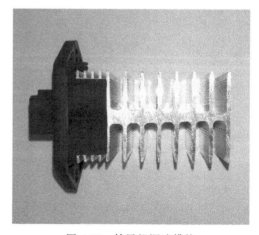

图 4-16　鼓风机调速模块

如图 4-17 所示，鼓风机调速模块由空调控制模块进行控制。空调控制模块监测鼓风机的负极线和电源线，以监测鼓风机的转速变化。如果空调控制模块监测到鼓风机负极或电源电路异常,则会使鼓风机进入故障控制模式。

如图 4-18 所示,鼓风机总共有 7 个转速档位(包括关闭档位)。空调控制模块控制鼓风机调速模块的方式为阶梯电压式。

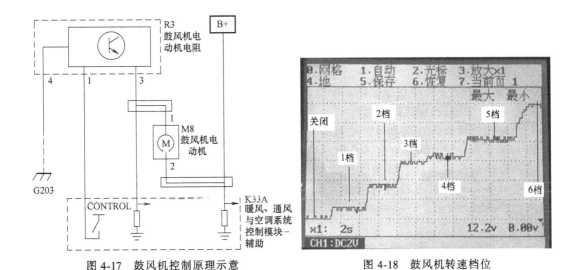

图 4-17 鼓风机控制原理示意   图 4-18 鼓风机转速档位

3. 压缩机控制

如图 4-19 所示,空调压缩机由 ECM 直接进行控制。

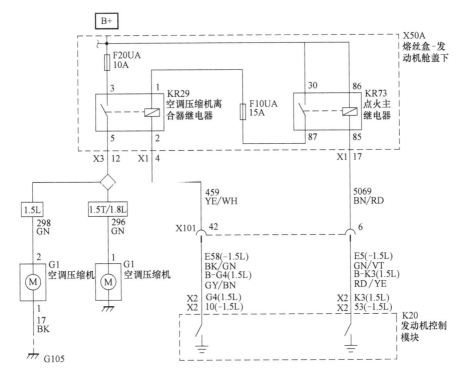

图 4-19 CN210MR 压缩机控制原理示意

第三节 自动空调系统故障诊断

一、自诊断

1. 激活自诊断模式

如图 4-20 所示,操作空调控制模块,进入自诊断模式的步骤如下:
1) 开启供电系统。
2) 空调系统处于关闭状态,后风窗除霜功能关闭。
3) 长按内/外循环模式键。
4) 30s 内连续操作 5 次前风窗除霜键。

以上 4 个条件同时满足则进入自诊断模式。

进入自诊断模式后,空调控制模块按如下顺序对各部件及其电路进行诊断,整个诊断过程持续约 1min。

1) 环境温度传感器诊断:检测环境温度传感器是否有短路、开路等故障。

2) 车内温度传感器诊断:检测车内温度传感器是否有短路、开路等故障。

3) 阳光照度传感器诊断:检测阳光照度传感器是否有短路、开路等故障。

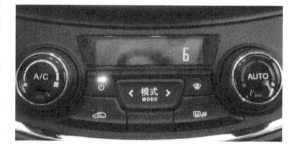

图 4-20 执行自诊断

4) 鼓风机诊断:鼓风机从关闭档到最高档,再从最高档到关闭档运行一次,检测每一档时鼓风机两极的电压是否正常。

5) 模式执行器诊断:从吹面到除霜,再从除霜到吹面反复运行一次,自动检测每个档位的反馈电压,以判断风门的每一档是否到位。

6) 温度执行器诊断:从最冷端到最热端,再从最热端到最冷端反复运行一次,自动检测冷热两端的反馈电压,以判断风门在两端是否到位。

7) CAN 诊断:检测 CAN 通信是否正常。

2. 故障码列表

在自诊断过程中,鼓风机风量图标闪烁。自诊断完成后,若有故障,则按每 5s 一个的速度依次显示故障码;若没有故障,则持续 5s 显示"0"。故障码含义见表 4-8。

表 4-8 自动空调系统自诊断故障码含义

故障码	含义
0	无故障
1	环境温度传感器故障
2	车内温度传感器故障
3	阳光照度传感器故障
4	鼓风机故障
5	模式执行器故障
6	温度执行器故障
7	CAN 网络故障

3. 退出自诊断模式

如图 4-21 所示，执行如下任一操作，即可退出自诊断模式：

1) 关闭供电系统。
2) 自诊断过程中按下后风窗除霜键。

二、诊断仪读取故障码或数据流

自动空调控制系统属于 CAN 网络的一个节点，实际维修中，可通过诊断仪实现：

1) 读取系统故障码。
2) 读取各传感器、执行器数据流（图 4-22）。
3) 通过特殊功能，指令相应部件动作以检测其状态。

图 4-21　退出自诊断模式

图 4-22　空调控制器数据流

第四节　学习成果自检

请通过思考以下问题对学习成果进行自检，并填写下列表格。

序号	问题	自检结果
1	如何使空调在自动模式下工作？	
2	如何使空调由自动模式转为手动模式？	
3	空调控制模块有哪些功能？	
4	阳光照度传感器信号的特点是什么？	
5	鼓风机转速是如何控制的？压缩机由哪个部件直接控制？	
6	如何使空调控制模块进入自诊断模式？	

第五节　章练习题

1. 单项选择题

	对于 CN210MR 的自动空调系统，以下哪个传感器电路开路会影响压缩机工作（　　）	
	A	车内温度传感器
问题 1	B	阳光照度传感器
	C	环境温度传感器
	D	进气温度传感器
	以下对于 CN210MR 的自动空调系统阳光照度传感器描述错误的是（　　）	
	A	阳光照度传感器的主要组成部件为光电二极管
问题 2	B	光照越强，通过传感器的电流越大
	C	阳光照度传感器的信号直接传输给 ECM
	D	光照越强，传感器信号电压越低
	以下对于 CN210MR 的自动空调系统鼓风机调速模块描述正确的是（　　）	
	A	空调控制模块控制鼓风机转速的方式为占空比控制
问题 3	B	鼓风机调速模块是普通晶体管
	C	如果空调控制模块控制电路开路，则鼓风机无法工作
	D	如果鼓风机反馈电路开路，则鼓风机无法工作
	开启 CN210MR 的自动空调控制模式后，以下哪项操作不会导致退出自动模式（　　）	
	A	调节鼓风机转速（风量）
问题 4	B	调节温度
	C	按下内/外循环模式键
	D	按下 A/C 键

2. 多项选择题

问题 1	\multicolumn{2}{l	}{对于 CN210MR 的自动空调系统，按下前风窗除霜键，空调系统将如何运行（　　）}
	A	鼓风机转速在 4 档以上
	B	切换为内循环模式
	C	压缩机自动启动
	D	出风模式为吹窗
问题 2	\multicolumn{2}{l	}{对于 CN210MR 的自动空调系统控制过程，下列说法错误的是（　　）}
	A	阳光照度传感器故障将导致空调压缩机无法工作
	B	按下 A/C 键时，空调请求信号通过 CAN 网络传送至 ECM
	C	环境温度传感器为负温度系数热敏电阻
	D	拔下环境温度传感器的插接器，空调控制模块显示环境温度为 0°

3. 问答题

自动空调系统控制过程中，影响压缩机工作的因素有哪些？

4. 思考与讨论

如何对自动空调系统的故障进行快速诊断？

第五章 实 训 指 导

第一节 CAN 网络通信实训

●训练情景：一辆 CN210MR 出现不能起动故障，用诊断仪进行全车诊断时，发现所有模块都无法与诊断仪通信。作为车间技师，应如何快速诊断故障？

●训练任务

任务 1：CAN 网络的容错特性

任务 2：单个模块无法通信时的故障

●训练目标

目标 1：能够解释 CN210MR 的 CAN 网络容错特性，并能对网络故障进行分析与诊断

目标 2：能够对单个模块无法通信故障进行诊断

●训练时间：160min

●注意事项：测量电路时将万用表表笔从插接器背后插入，不能用表笔接触插接器针脚。

●训练实施条件：2 辆 CN210MR 高配车型。

任务 1：CAN 网络的容错特性

1. 任务说明

认识 CN210MR 的 CAN 网络容错特性及故障时的电压特点。

2. 任务准备

（1）训练物品准备

请列举进行此项任务所需的工具、设备、资料和辅料。

_____

_____

_____

（2）支持知识准备

请查阅相关资料，写下与此项训练任务相关的支持知识。

_____

_____

_____

3. 任务操作

1) 首先确认全车模块通信状态正常，然后进行下表所列的操作，用诊断仪进行全车诊断，观察诊断结果，同时借助示波器观察不同状态下的信号波形特征，记录在下表中（电压值精确到小数点后两位）。

状态	操作项目	与诊断仪的通信状态	诊断接口各针脚对搭铁电压/V			
			3	11	6	14
故障	CAN 正常状态					
	B-CAN-H 对搭铁					
	B-CAN-L 对搭铁					
	P-CAN-H 对搭铁					
	P-CAN-L 对搭铁					
	B-CAN-H 对电源					
	B-CAN-L 对电源					
	P-CAN-H 对电源					
	P-CAN-L 对电源					
	ECM 数据线开路					
	ECM 和 GW 数据线开路					
	GW 数据线开路					
	IPC 和 GW 数据线开路					
	IPC 数据线开路					
	B-CAN 的 H 与 L 短接					
	P-CAN 的 H 与 L 短接					
	旁路网关模块					
	断开网关常电源					

2）通过以上测试，总结正常通信时的 CAN H 和 CAN L 电压信号特征。

3）通过以上测试，总结诊断接口 3 和 11、6 和 14 的作用各是什么？

4）通过以上测试，总结哪种故障模式对网络通信没有影响？

5）通过以上测试，总结网关模块在网络中的作用有哪些？

6）在用诊断仪对全车进行诊断时，若出现全车模块无法通信现象，如何快速判断故障原因？如何快速找到故障点？

_____
_____
_____
_____

7）选择一辆 CN210MR LV3 车型，在熄火状态下将 P-CAN-H 对搭铁短接，能否起动发动机？为什么？

_____
_____
_____
_____

8）选择一辆 CN210MR LV3 车型，在发动机起动状态下将 P-CAN-H 对搭铁短接，发动机是否熄火？为什么？

_____
_____
_____
_____

4. 讨论

当 B-CAN 网络出现通信故障时，诊断仪诊断结果是什么？此时 P-CAN 网络中的模块之间通信是否正常？如何检测它们通信正常？

_____
_____
_____

任务 2：单个模块无法通信时的故障

1. 任务说明
掌握单个模块无法通信时的故障诊断方法。

2. 任务准备

（1）训练物品准备

请列举进行此项任务所需的工具、设备、资料和辅料。

_____
_____
_____

（2）支持知识准备

请查阅相关资料，写下与此项训练任务相关的支持知识。

_____
_____
_____

3. 任务操作

1) CN210MR P-CAN（诊断端子 3 和 11）信号的验证。首先确认全车模块通信状态，然后进行下表所列的操作。

操作条件	诊断仪与 ECM 的通信情况
断开 ECM 的常电源	
断开 ECM 的 ON 档电源	
断开 ECM 的搭铁线	
断开 ECM 的 1 根或 2 根 CAN 线	

2) 通过以上操作，总结导致单个模块无法与诊断仪通信的故障原因和诊断方法。

_____

_____

_____

第二节　LIN 网络通信实训

● 训练情景：一辆 CN113R 按压右后车窗开关，右后车窗电动机不动作，通过左前车窗中控开关控制右后车窗时，左右后车窗电动机同时工作。

● 训练任务

任务 1：LIN 线信号特征及电压测量

任务 2：LIN 线故障模拟诊断

任务 3：电动车窗开关位置识别

● 训练目标

目标 1：掌握正常 LIN 线电压特征

目标 2：掌握 LIN 网络故障特征

目标 3：掌握电动车窗开关位置的识别方法

● 训练时间：80min

● 注意事项：测量电路时将万用表表笔从插接器背后插入，不能用表笔插触插接器针脚。

● 训练实施条件：2 辆 CN210MR 高配车型

任务 1：LIN 线信号特征及电压测量

1. 任务说明

掌握正常车辆的 LIN 线信号电压特征。

2. 任务准备

(1) 训练物品准备

请列举进行此项任务所需的工具、设备、资料和辅料。

_____

_____

（2）支持知识准备

请查阅相关资料，写下与此项训练任务相关的支持知识。

_____

_____

3. 任务操作

1）通过示波器观察正常车辆 LIN 线电压波形特征，不按压车窗开关时是否有波形 _____ （填是或否），其信号电压特征是 _____。

2）使用万用表测量正常车辆 LIN 线电压，不按压车窗开关时其电压约为 _____ V；按下开关瞬间其电压约为 _____ V。

任务 2：LIN 线故障模拟诊断

1. 任务说明

为判断 LIN 网络是否存在故障，需掌握正常车辆的 LIN 线信号电压特征。

2. 任务准备

（1）训练物品准备

请列举进行此项任务所需的工具、设备、资料和辅料。

_____

_____

（2）支持知识准备

请查阅相关资料，写下与此项训练任务相关的支持知识。

_____

_____

3. 任务操作

1）按照下表所例的操作要求，观察车窗动作情况和车窗开关背景灯点亮情况，同时使用万用表测量 LIN 线电压，记录到下表中。

操作条件	右前车门开关能否控制其他车窗	其他开关能否控制对应车窗	打开小灯开关时各开关背景灯点亮情况	LIN 线对搭铁电压
KEY ON，没有其他操作				
遥控四门车窗下降				
左前车窗中控开关控制右后车窗下降				
右后车门(支路)LIN 线断路				

(续)

操作条件	右前车门开关能否控制其他车窗	其他开关能否控制对应车窗	打开小灯开关时各开关背景灯点亮情况	LIN 线对搭铁电压
任取某处 LIN 线对电源短路				
任取某处 LIN 线对搭铁短路				

2）如果车辆出现左前车窗中控开关不能控制其他车窗故障，如何快速判断是 LIN 线电路导致的故障？导致不能控制其他车窗动作的故障原因有哪些？如何快速判断故障点？

_____
_____
_____

任务 3：电动车窗开关位置识别

1. 任务说明

掌握识别电动窗开关位置的方法。

2. 任务准备

（1）训练物品准备

请列举进行此项任务所需的工具、设备、资料和辅料。

_____
_____
_____

（2）支持知识准备

请查阅相关资料，写下与此项训练任务相关的支持知识。

_____
_____

3. 任务操作

1）尝试将右前、左后、右后车窗开关互换，观察车窗控制功能是否正常？

2）在车窗开关插接器未断开的状态下分别测量右前、左后、右后车窗开关插接器处 2、3 号针脚电压（插接器空脚时用表笔测量开关针脚），记录到下表中。

车窗开关	右前车窗开关	左后车窗开关	右后车窗开关
2 号针脚对搭铁电压			
3 号针脚对搭铁电压			

3）尝试将左后车窗开关插接器的 2 号针脚推出，测量 2、3 号针脚电压分别为_____V，按压左后车窗开关，左后车窗电动机动作是否正常_____（填是或否）；按压左前车窗中控开关控制左后车窗，左后车窗电动机动作是否正常_____（填是或否）；按压左前车窗中控开关控制右前车窗电动机，现象是_____。

4）尝试将左后车窗开关的 3 号针脚对搭铁短接，测量 2、3 号针脚电压分别为_____V，按压左后车窗开关，左后车窗电动机动作是否正常_____（填是或否）；按压左前车窗中控开关控制左后车窗，左后车窗电动机动作是否正常_____（填是或否）；按压左前车窗中控开关控制右后车窗电动机，现象是_____。

第三节　模块编程与配置实训

●训练情景：更换 CN210MR 的发动机模块后，如何执行模块编程？
●训练任务
任务 1：模块编程
任务 2：模块配置
●训练目标
目标 1：掌握需执行编程操作的模块种类，并能正确执行模块编程操作。
目标 2：掌握需执行配置操作的模块种类，并能正确执行模块配置操作。
●训练时间：45min
●注意事项：无
●训练实施条件：2 辆 CN210MR 高配车型

任务 1：模块编程

1. 任务说明
掌握需要执行编程操作的模块种类，并能正确执行模块的编程操作。

2. 任务准备
（1）训练物品准备
请列举进行此项任务所需的工具、设备、资料和辅料。

_____
_____

（2）支持知识准备
请查阅相关资料，写下与此项训练任务相关的支持知识。

_____
_____

3. 任务操作
1）通过诊断仪查看目前 CN113R 和 CN210MR 的哪些模块支持编程操作？

_____
_____

2）执行模块的编程操作。模块编程操作时的注意事项有哪些？

_____
_____

任务 2：模块配置

1. 任务说明
掌握需要执行配置操作的模块种类，并能正确执行模块的配置操作。

2. 任务准备

（1）训练物品准备

请列举进行此项任务所需的工具、设备、资料和辅料。

_____
_____
_____

（2）支持知识准备

请查阅相关资料，写下与此项训练任务相关的支持知识。

_____
_____
_____

3. 任务操作

1）通过诊断仪查看目前 CN113R 和 CN210MR 的哪些模块支持配置操作？

_____
_____
_____

2）执行模块的配置操作。模块配置操作时的注意事项有哪些？

_____
_____
_____

第四节　车身防盗系统实训

- 训练情景：触发车身防盗警戒模式后，用哪些方法可以解除？
- 训练任务

任务1：车身防盗警戒模式的设置与解除

任务2：车身防盗警戒模式的触发与解除

- 训练目标

目标1：能够正确设置并解除车身防盗警戒模式

目标2：掌握触发与解除防盗警戒模式的方法

- 训练时间：50min
- 注意事项：无
- 训练实施条件：1辆 CN210MR 低配车型，1辆 CN113R。

任务1：车身防盗警戒模式的设置与解除

1. 任务说明

掌握车身防盗警戒模式的设置与解除条件。

在实际操作过程中用非法钥匙打开点火开关，将点火锁芯处的防盗天线拆卸下来（注意防盗天线不能断开插接器），用原车钥匙打开点火开关。

2. 任务准备

（1）训练物品准备

请列举进行此项任务所需的工具、设备、资料和辅料。

_____

_____

_____

（2）支持知识准备

请查阅相关资料，写下与此项训练任务相关的支持知识。

_____

_____

_____

3. 任务操作

1）关闭点火开关并拔下机械钥匙，关闭所有车门，按压遥控器上锁键1次，在30s内非法打开车门，是否能触发防盗警戒模式_____（填是或否）；30s后非法打开车门，是否能触发防盗警戒模式_____（填是或否）。如果连续按下遥控器上锁键2次，_____s后非法打开车门能触发防盗警戒模式。触发警戒模式后的车辆反馈是_____。

2）用机械钥匙转动左前车门锁芯上锁，是否能成功设置防盗警戒模式_____（填是或否）；按压左前车门把手中控按钮上锁，是否能成功设置防盗警戒模式_____（填是或否）；按压中控台上的上/开锁按钮上锁，是否能成功设置防盗警戒模式_____（填是或否）。

3）通过上述操作，总结设置车身防盗警戒模式的条件。

_____

_____

4）成功设置车身防盗警戒模式后，用下表所列操作方法开锁，观察能否解除防盗警戒模式，并记录到下表中。

操作方法	能否解除防盗警戒模式
用机械钥匙转动左前车门锁芯开锁	
按压左前车门把手中控按钮开锁	
按压中控台上的上/开锁按钮开锁	
用非法钥匙打开点火开关至ON位	
用合法钥匙打开点火开关至ON位	
按压遥控器开锁键	

5）通过上述操作，总结能够解除防盗警戒模式的方式。

_____

_____

任务 2：车身防盗警戒模式的触发与解除

1. 任务说明

掌握车身防盗警戒模式的触发与解除条件。

在实际操作过程中，非法打开车门或行李舱盖，可以在降下车窗玻璃的状态下执行上锁，然后通过车门按钮解锁后打开车门。非法打开行李舱盖的方法是在车内通过应急开关打开。

在实际操作过程中用非法钥匙打开点火开关，将点火锁芯处的防盗天线拆卸下来（注意防盗天线不能断开插接器），用原车钥匙打开点火开关。

2. 任务准备

（1）训练物品准备

请列举进行此项任务所需的工具、设备、资料和辅料。

_____

_____

（2）支持知识准备

请查阅相关资料，写下与此项训练任务相关的支持知识。

_____

_____

_____

3. 任务操作

1）成功设置车身防盗警戒模式后，尝试用下表所列操作方法触发防盗警戒模式，并记录到下表中。

操作方法	能否触发防盗警戒模式
非法打开任一车门	
非法打开行李舱盖	
非法打开发动机舱盖	
用机械钥匙转动左前车门锁芯开锁	
按压左前车门把手中控按钮开锁	
按压中控台上的上/开锁按钮开锁	
用非法钥匙打开点火开关至 ON 位	
用合法钥匙打开点火开关至 ON 位	
按压遥控器开锁键	

2）通过上述操作，总结能够触发防盗警戒模式的条件。

_____

_____

3）在车辆进入防盗警戒模式后，尝试用下表所列操作方法解除防盗警戒模式，并记录到下表中。

操作方法	能否解除防盗警戒模式
用机械钥匙转动左前车门锁芯开锁	
按压左前车门把手中控按钮开锁	
按压中控台上的上/开锁按钮开锁	
用非法钥匙打开点火开关至 ON 位	
用合法钥匙打开点火开关至 ON 位	
按压遥控器开锁键	

4）通过上述操作，总结能够解除防盗警戒模式的方法。

_____

_____

5）用遥控器上锁后，再次按压遥控器开锁键开锁，如果 30s 内没有打开任一车门，则中控门锁是否能自动上锁_____（填是或否）；如果 30s 内打开任一车门，则中控门锁能否自动上锁_____（填是或否）。

第五节　发动机防盗系统实训

● 训练情景：更换 CN210MR 低配车型的发动机模块后，如何执行发动机防盗匹配？
● 训练任务
任务 1：发动机防盗措施
任务 2：发动机防盗系统电路的诊断
任务 3：读取发动机防盗系统数据流
任务 4：不带 PEPS 系统车辆的防盗匹配
● 训练目标
目标 1：掌握发动机防盗措施
目标 2：能够对发动机防盗系统电路故障进行诊断
目标 3：能够识别诊断仪发动机防盗系统数据流
目标 4：能够对不带 PEPS 系统的车辆进行防盗匹配
● 训练时间：120min
● 注意事项：测量电路时将万用表表笔从插接器背后插入，不能用表笔接触插接器针脚。
● 训练实施条件：1 辆 CN210MR 低配车型，1 辆 CN113R，CN210MR 低配车型的全新 ECM、全新 BCM 和全新钥匙。

任务 1：发动机防盗措施

1. 任务说明

掌握发动机防盗措施。

2. 任务准备

（1）训练物品准备

请列举进行此项任务所需的工具、设备、资料和辅料。

_____
_____

（2）支持知识准备

请查阅相关资料，写下与此项训练任务相关的支持知识。

_____
_____
_____

3. 任务操作

1）确保车辆能正常起动，熄火后打开点火开关至 ON 位，查看发动机防盗指示灯是否点亮_____（填是或否）。拔下燃油泵继电器模拟发动机无法起动故障，起动发动机，仪表板上显示的提示是_____。用诊断仪读取全车故障码，是否有与发动机防盗系统相关的故障码_____（填是或否）。

2）通过上述操作可知，车辆不能起动且仪表板有发动机防盗认证失败提示时，是否一定是发动机防盗系统故障所致？需要检查哪些方面？

_____
_____
_____

3）将防盗天线从点火锁芯上拆卸下来，不要断开防盗天线的插接器，用原车钥匙打开点火开关并起动发动机，以模拟用非法钥匙起动车辆，此时车辆能否起动？不能起动的原因是什么？通过二极管试灯观察 ECM 是否控制喷油、点火、燃油泵继电器工作。

_____
_____
_____

任务 2：发动机防盗系统电路的诊断

1. 任务说明

掌握发动机防盗系统电路对防盗验证的影响。

2. 任务准备

（1）训练物品准备

请列举进行此项任务所需的工具、设备、资料和辅料。

_____
_____

（2）支持知识准备

请查阅相关资料，写下与此项训练任务相关的支持知识。

_____
_____
_____
_____

3. 任务操作

1）分别在点火开关置于 OFF 位、ON 位和发动机起动时，进行下表所列操作项目，观察发动机的运行情况、仪表板防盗指示灯情况、仪表板提示发动机防盗认证信息情况以及诊断仪读取与发动机防盗相关故障码情况，并填入下表中。

点火开关/发动机状态	操作项目	发动机能否起动	发动机能否熄火	防盗指示灯是否点亮	是否有认证失败提示	是否有与发动机防盗相关的故障码
OFF 位	断开防盗天线插接器					
	防盗天线 LIN 线搭铁					
	断开防盗天线电源					
	断开 ECM 插接器					
	将 P-CAN 断开					
ON 位	断开防盗天线插接器后立即起动					
起动后	断开防盗天线插接器					

2）通过以上操作，分析发动机防盗认证在何时开始。

_____
_____
_____

4. 讨论

车辆不能起动时，如何判断是发动机防盗认证失败所致？导致认证失败的原因有哪些？如何诊断？

_____
_____
_____
_____
_____
_____

任务 3：读取发动机防盗系统数据流

1. 任务说明

通过诊断仪读取发动机防盗系统数据流，了解数据流的含义。

2. 任务准备

（1）训练物品准备

请列举进行此项任务所需的工具、设备、资料和辅料。

(2)支持知识准备

请查阅相关资料,写下与此项训练任务相关的支持知识。

3. 任务操作

1)连接诊断仪进入 BCM-数据流-IMMO 相关数据,在下表所列状态下打开点火开关至 ON 位或起动 1 次发动机后,观察数据流变化特点,并填入下表中。

操作项目	WDS 数据项数据值					与发动机防盗相关的故障码
	已匹配钥匙	IMMO 锁定	PIN 码写入	SK 码写入	VIN 码写入	
原车钥匙,防盗系统正常						
原车 ECM 重设置						
无钥匙芯片(防盗天线远离钥匙)						
全新钥匙未匹配防盗						
全新 ECM 未匹配防盗						
全新 BCM 未匹配防盗						
其他车辆钥匙						
其他车辆 ECM						
其他车辆 BCM						

2)通过上述数据流能判断导致防盗认证失败的哪些故障?

任务 4:不带 PEPS 系统车辆的防盗匹配

1. 任务说明

掌握防盗系统匹配的过程与要点。

2. 任务准备

(1)训练物品准备

请列举进行此项任务所需的工具、设备、资料和辅料。

(2)支持知识准备

请查阅相关资料,写下与此项训练任务相关的支持知识。

3. 任务操作

1）执行 ECM 复位操作，记录操作要点。

_____

_____

2）执行模块匹配操作，记录操作要点。

_____

_____

3）执行删除钥匙操作，记录操作要点。

_____

_____

4）执行添加钥匙操作，记录操作要点。

_____

_____

第六节　PEPS 系统实训

●训练情景：用无钥匙功能不能解锁时如何诊断？用无钥匙功能不能将点火开关置于 ACC 位或 ON 位时如何诊断？

●训练任务

任务 1：PEPS 系统功能操作

任务 2：部件信号测量及诊断仪数据流应用

任务 3：PEPS 系统故障诊断

任务 4：带 PEPS 系统车辆防盗匹配

●训练目标

目标 1：能够执行 PEPS 系统功能操作

目标 2：能够利用诊断仪和万用表进行部件诊断

目标 3：能够对 PEPS 系统故障进行诊断

目标 4：能够执行 PEPS 系统的匹配

●训练时间：260min

●注意事项：测量电路时将万用表表笔从插接器背后插入，不能用表笔接触插接器针脚。

●训练实施条件：2 辆 CN210MR 高配车型。

任务 1：PEPS 系统功能操作

1. 任务说明

理解 PEPS 模块的功能特点。

2. 任务准备

（1）训练物品准备

请列举进行此项任务所需的工具、设备、资料和辅料。

(2) 支持知识准备

请查阅相关资料,写下与此项训练任务相关的支持知识。

3. 任务操作

(1) PEPS 解锁、上锁功能认知

尝试将左前车门锁电动机的中控信号电路开路和对搭铁短路,尝试用下表所列方式执行解锁和上锁操作,观察中控门锁的状态变化,并填入下表中。

操作方式	左前车门锁电动机信号电路开路	左前车门锁电动机信号电路对搭铁短路
按压中控台开关解锁和上锁		
按压遥控器开关解锁和上锁		
无钥匙操作解锁和上锁		

通过以上操作,总结左前车门锁电动机上的中控信号作用:_____。

执行下表所列操作方式,观察车门锁动作状态和车辆反馈情况,并填写下表。

操作方式	车门锁是否动作	车辆反馈
携带钥匙到每个车门附近,进行解锁操作		
携带钥匙到每个车门附近,进行上锁操作		
钥匙在一个车门把手开关附近,尝试按压其他车门把手开关		
将钥匙放在车内,关闭点火开关且关闭所有车门,用无钥匙功能上锁		
点火开关关闭,将一个车门打开,用无钥匙功能上锁		
将点火开关置于 ACC 位或 ON 位,关闭所有车门,用无钥匙功能上锁		
其他车门在上锁状态时打开行李舱盖,将钥匙放在行李舱中,关闭行李舱盖		

通过以上操作,总结实现无钥匙解锁的条件。

通过以上操作,总结实现无钥匙上锁的条件。

模拟遥控器电池电量耗尽,用机械钥匙打开左前车门。

(2) PEPS 电源管理功能认知

钥匙放在车内，不踩离合器踏板，进行 ACC 位、ON 位、OFF 位切换。

钥匙放在车内，踩下离合器踏板，变速杆置于空档，进行 START 位、OFF 位的切换。

钥匙放在车外，靠近车门把手开关及天线位置，是否能实现电源管理功能_____（填是或否）。

模拟转向盘锁舌出现卡滞故障后，是否能由 OFF 位切换到非 OFF 位_____（填是或否）。

将钥匙放在车内，按照下表所列操作方式，观察点火开关指示灯的变化，并填入下表中。注意点火开关上有 3 个指示灯，分别是橙色灯、绿色灯和背景灯。

操作方式	指示灯的变化
钥匙放在车内，将点火开关分别置于 OFF 位和 ACC 位	
从 ACC 位到 ON 位	
从 ON 位到 OFF 位	
在 ACC 位时，踩下离合器踏板	

按照下表所列操作方式，尝试起动车辆，观察仪表和车辆的提示信息。

操作方式	提示信息
点火开关由非 OFF 位切换为 OFF 位，打开车门，将钥匙拿到车外	
在正常起动后，关闭所有车门，把钥匙拿到车外	
在正常起动后，打开左前车门，把钥匙拿到车外	
在正常起动后，打开所有车门，把钥匙拿到车外	
钥匙放在车内，尝试将离合器踏板踩下	
钥匙放在车内，尝试将变速杆置于非空档	

通过以上操作，总结实现 ACC 位、ON 位的条件。

_____

_____

通过以上操作，总结实现 START 位的条件。

_____

_____

(3) 电子转向盘锁功能认知

钥匙放在车内，在点火开关置于非 OFF 位时，转向盘是否能上锁_____（填是或否）。

钥匙放在车内，在左前车门关闭状态下，点火开关置于 OFF 位，是否能上锁_____（填是或否），其特点是_____；如果在打开左前车门的状态下，点火开关置于 OFF 位，是否能上锁_____（填是或否），其特点是_____。

尝试打开非左前车门，是否对转向盘上锁有影响_____（填是或否）。

通过以上操作，总结转向盘解锁和上锁的条件。

_____

_____

任务2：部件信号测量及诊断仪数据流应用

1. 任务说明
能够利用诊断仪和万用表对部件进行诊断。

2. 任务准备
(1) 训练物品准备

请列举进行此项任务所需的工具、设备、资料和辅料。

_____

_____

(2) 支持知识准备

请查阅相关资料，写下与此项训练任务相关的支持知识。

_____

_____

3. 任务操作
利用万用表和诊断仪，对下表所列传感器开关进行诊断，并填写下表。

操作内容	操作状态	阻值/Ω	信号电压/V	诊断仪数据
车门把手开关	释放			
	按压			
行李舱盖开关	释放			
	按压			
点火开关	释放			
	按压			

分别执行下表所列操作项目，读取故障码及其含义，并填写下表。

操作项目	故障码	故障码含义	影响结果
天线电路开路			
天线电路搭铁			
LIN 线对搭铁短路			
拔下 ACC 或 IGN 电源管理继电器			
点火开关某一信号线搭铁			

任务3：PEPS 系统故障诊断

1. 任务说明
能够利用 PEPS 系统工作过程诊断故障。

2. 任务准备

（1）训练物品准备

请列举进行此项任务所需的工具、设备、资料和辅料。

_____

_____

（2）支持知识准备

请查阅相关资料，写下与此项训练任务相关的支持知识。

_____

_____

3. 任务操作

（1）PEPS 系统不能执行解锁

诊断故障说明：利用解锁过程的 6 个步骤分析诊断故障。在开始诊断之前，首先完成下表所列的动作步骤并写出可能的故障原因，然后对可能的故障原因进行分析。

动作步骤		可能的故障原因	诊断方法	诊断结果
1	请求信号			
2	搜寻钥匙			
3	钥匙应答			
4	定位与认证			
5	指令 BCM			
6	车门锁电动机动作			

（2）PEPS 系统不能将点火开关切换到 ACC 位或 ON 位

诊断故障说明：利用解锁过程的 6 个步骤分析诊断故障。在开始诊断之前，首先完成下表所列的动作步骤并写出可能的故障原因，然后对可能的故障原因进行分析。

动作步骤		可能的故障原因	诊断方法	诊断结果
1	请求信号			
2	搜寻钥匙			
3	钥匙应答			
4	定位与认证			
5	ESCL 认证与电动机动作			
6	继电器动作			

（3）应急起动或熄火

验证失去右前轮速传感器信号后，应急发动机熄火功能的状态是 _____。

验证离合器信号异常时，应急起动发动机功能的状态是 _____。

验证遥控器电池电量耗尽时，应急起动发动机功能的状态是 _____。

验证以一定车速行驶时，紧急发动机熄火功能的状态是_____。

任务4：带 PEPS 系统车辆防盗匹配

1. 任务说明
掌握带 PEPS 系统车辆的防盗匹配过程与要点。

2. 任务准备
（1）训练物品准备
请列举进行此项任务所需的工具、设备、资料和辅料。

_____
_____
_____

（2）支持知识准备
请查阅相关资料，写下与此项训练任务相关的支持知识。

_____
_____
_____

3. 任务操作
1）执行 PEPS 模块匹配操作，记录操作要点。

_____
_____

2）执行 PEPS 模块复位操作，记录操作要点。

_____
_____

3）执行 ESCL 模块复位操作，记录操作要点。

_____
_____

4）执行删除钥匙操作，记录操作要点。

_____
_____

5）执行新增钥匙且原钥匙有效操作，记录操作要点。

_____
_____

6）执行新增钥匙且原钥匙无效操作，记录操作要点。

_____

第七节　乘员保护系统实训

● 训练情景：车辆发生碰撞使安全气囊弹出后，如何对车辆安全气囊系统进行维修？如何判断安全气囊电阻值是否正常？

● 训练任务：乘员保护系统诊断与维修

● 训练目标：能够对乘员保护系统进行诊断，并能规范维修

● 训练时间：90min

● 注意事项：在拆卸安全气囊部件时，必须断开蓄电池负极，并等待90s后再操作，测量电路时将万用表表笔从插接器背后插入，不能用表笔接触插接器针脚。

● 训练实施条件：2台 CN210MR 高配车型。

任务：乘员保护系统诊断与维修

1. 任务说明

规范拆装安全气囊部件，对部件进行诊断。

2. 任务准备

（1）训练物品准备

请列举进行此项任务所需的工具、设备、资料和辅料。

_____
_____
_____

（2）支持知识准备

请查阅相关资料，写下与此项训练任务相关的支持知识。

_____
_____
_____

3. 任务操作

1）维修安全气囊系统前，需注意哪些事项？

_____
_____

2）观察安全气囊模块，是否有安装方向标记_____（填是或否），断开安全气囊模块插接器，观察插接器上的短路片。

3）拆卸主安全气囊。观察主安全气囊上是否带短路片_____（填是或否），线束插接器上是否带短路片_____（填是或否）。

4）拆卸左右两侧安全带预紧器，观察左右两侧预紧器是否能互换_____（填是或否）。预紧器上是否带短路片_____（填是或否），线束插接器上是否带短路片_____（填是或否）。

5）观察左右侧碰撞传感器，是否能互换_____（填是或否），是否有安装方向标记_____（填是或否），拆卸传感器，其固定螺栓有何特点：_____。

6）执行安全气囊游丝线圈的拆卸与安装操作。

7）用万用表电阻档测量安全气囊游丝线圈不带短路片侧插接器上两针脚间的电阻，其阻值为_____Ω；用绝缘材料分离另一侧短路片，其阻值为_____Ω。

8）通过以上操作，总结一般会在什么位置设置短路片。

_____

9）断开安全带插扣开关线束插接器，用万用表测量插扣开关的电阻，没有插入安全带插扣时阻值为_____Ω，插入插扣时阻值为_____Ω。

10）安装安全气囊游丝线圈时的注意事项有哪些？

_____

_____

11）首先确保车辆安全气囊系统无任何故障码。用诊断仪观察安全气囊电阻在下表所列车辆状态下的阻值及相关故障码，并填写下表（安全气囊电路开路可采用断开安全气囊插接器的方式实现，用铜丝将拔下的安全气囊插接器短路可实现安全气囊电路短路）。

车辆状态	正常车辆	安全气囊电路开路		安全气囊电路短路	
诊断仪数据项	阻值/Ω	阻值/Ω	故障码	阻值/Ω	故障码
驾驶人正面安全气囊					
驾驶人侧面安全气囊					
驾驶人安全带预紧器					
左侧安全气帘					

4. 讨论

1）如果维修中需断开转向十字轴或更换转向机总成，如何做才能保证不损坏安全气囊游丝线圈？

_____

_____

2）如何快速判断安全气囊到安全气囊模块间的电路是否存在开路或短路故障？

_____

_____

_____

3）如果车辆因碰撞导致正面安全气囊弹出，维修时需要更换哪些部件？

_____

4）如果车辆因侧面碰撞导致只有侧安全气囊弹出，维修时需要更换哪些部件？

5）没有弹出的安全气囊能否直接丢弃？如何对安全气囊进行报废处理？

第八节 倒车雷达系统实训

- 训练情景：一辆 CN113R 挂倒档时出现异常警告，如何诊断？
- 训练任务：倒车雷达系统故障诊断
- 训练目标

目标 1：能够对超声波传感器进行诊断
目标 2：能够利用倒车雷达模块自检功能进行故障诊断

- 训练时间：30min
- 注意事项：测量电路时将万用表表笔从插接器背后插入，不能用表笔插触插接器针脚。
- 训练实施条件：2 辆 CN210MR 高配车型。

任务：倒车雷达系统故障诊断

1. 任务说明
能够进行倒车雷达系统故障诊断。

2. 任务准备
（1）训练物品准备
请列举进行此项任务所需的工具、设备、资料和辅料。

（2）支持知识准备
请查阅相关资料，写下与此项训练任务相关的支持知识。

3. 任务操作
1）未挂倒档，用手触摸超声波传感器是否有振动_____（填是或否），挂倒档，是否有振动_____（填是或否），是否有警告音_____（填是或否）。

2）分别用下表所列操作方法，执行倒车雷达模块自检，听系统自检提示音，并填写下表。

操作方法	自检提示音	是否持续有异常警告
系统正常		
拔下 1 个传感器		
拔下 2 个传感器		
拔下 3 个传感器		
1 个传感器信号线对搭铁短路		

3）近距离在一个传感器的探测范围内放置障碍物，挂倒档后系统的表现是：_____
_____，断开该传感器插接器后系统的表现是：_____。

4）在不断开传感器插接器状态下，测量传感器电源电压为_____V，拔下一个超声波传感器，用万用表直流电压档测量线束侧信号端子电压为_____V。

5）通过以上操作可知，超声波传感器电源的供给特点是_____，超声波传感器信号电压与车辆距障碍物远近的关系是_____。

4. 讨论

如果挂倒档时有持续警告音，如何诊断？如何确定是由哪个超声波传感器导致的故障？

_____
_____
_____
_____

第九节 仪表系统实训

●训练情景：一辆 CN113R 的燃油表指示不准，应如何诊断故障？

●训练任务

任务 1：燃油油位处于不同位置时传感器电阻值、信号电压值和 WDS 数据值的测量

任务 2：诊断仪执行仪表特殊功能指令

●训练目标

目标 1：能够利用 WDS 和万用表诊断燃油油位指示不准的故障

目标 2：能够利用 WDS 特殊功能执行仪表自身故障的诊断

●训练时间：50 min

●注意事项：测量电路时将万用表表笔从插接器背后插入，不能用表笔接触插接器针脚。

●训练实施条件：CN113R1 和 CN210MR 各 1 辆。

任务 1：燃油油位处于不同位置时传感器电阻值、信号电压值和 WDS 数据值的测量

1. 任务说明

为有效利用培训物料，一组执行 CN113R 的数据测量，另一组执行 CN210MR 的数据测

量，测量完成后，两组分享测量数据，共同讨论。

2. 任务准备

（1）训练物品准备

请列举进行此项任务所需的工具、设备、资料和辅料。

_____

_____

_____

（2）支持知识准备

请查阅相关资料，写下与此项训练任务相关的支持知识。

_____

_____

3. 任务操作

断开原车燃油泵线束插接器，将外置的燃油泵总成连接到插接器上，打开点火开关，用手控制燃油油位传感器，在燃油表指针处于下表所列位置时，测量传感器的阻值和信号电压，同时用 WDS 观察燃油油位信息，并填写下表。

车型	油位状态	传感器阻值/Ω	信号电压/V	WDS 指示油位
CN113R	油位最低			
	1/8			
	1/4			
	1/2			
	5/8			
	3/4			
	油位最高			
CN210MR	油位最低			
	1/8			
	1/4			
	1/2			
	5/8			
	3/4			
	油位最高			

4. 讨论

1）在车辆出现燃油油位指示不准故障时，通过诊断仪观察到的燃油量与燃油箱里的实际量一致，但与仪表指示不一致，可能的故障原因是什么？

_____

_____

2）在车辆出现燃油油位指示不准故障时，通过诊断仪观察到的燃油量与燃油箱里的实际量不一致，但与仪表指示一致，可能的故障原因是什么？如何确定不是由燃油泵或燃油箱干涉导致的指示不准？

___

___

任务2：诊断仪执行仪表特殊功能指令

1. 任务说明
各组执行不同车型的任务。

2. 任务准备
（1）训练物品准备
请列举进行此项任务所需的工具、设备、资料和辅料。

___

___

（2）支持知识准备
请查阅相关资料，写下与此项训练任务相关的支持知识。

___

___

3. 任务操作
利用 WDS 特殊功能，对仪表各执行器进行动作测试。

第十节 多媒体系统实训

●训练情景：如何对 CN210MR 的多媒体系统部件进行诊断？如何对 CN210MR 的导航系统进行升级？

●训练任务

任务1：多媒体系统部件诊断

任务2：导航系统升级

●训练目标

目标1：能够对多媒体系统部件进行诊断

目标2：能够对导航系统进行升级

●训练时间：60min

●注意事项：测量电路时将万用表表笔从插接器背后插入，不能用表笔接触插接器针脚。

●训练实施条件：2辆 CN210MR 高配车型。

任务1：多媒体系统部件诊断

1. 任务说明
诊断收音机天线、导航天线、扬声器和摄像头电路。

2. 任务准备

（1）训练物品准备

请列举进行此项任务所需的工具、设备、资料和辅料。

_____

_____

（2）支持知识准备

请查阅相关资料，写下与此项训练任务相关的支持知识。

_____

_____

3. 任务操作

1）测量收音机天线两端的阻值为_____Ω，天线中心与屏蔽线间的阻值为_____Ω，天线中心与车身搭铁间的阻值为_____Ω。将天线中心对搭铁短路，收音机有何故障现象：_____。

2）测量导航天线两端的阻值为_____Ω，天线中心与屏蔽线间的阻值为_____Ω，天线中心与车身搭铁间的阻值为_____Ω。将天线中心对搭铁短路，导航系统有何故障现象：_____。

3）测量高音扬声器（小）阻值为_____Ω，测量低音扬声器（大）阻值为_____Ω。

4）如果用万用表直流电压档对搭铁测量，发现电压为0V，则可能的故障原因是_____。

5）断开一扬声器插头，对系统内其他扬声器的工作是否有影响_____（填是或否）。

6）短接一扬声器插头，对系统内其他扬声器的工作是否有影响_____（填是或否）。

7）扬声器的一根导线对搭铁短路，对系统内其他扬声器的工作是否有影响_____（填是或否）。

8）将 B-CAN 网络设置为通信瘫痪状态，挂倒档观察多媒体显示器是否能显示转向辅助线_____（填是或否）。

9）在不挂倒档时，摄像头的电源电压为_____V，挂倒档后其电压为_____V。将信号线对搭铁短路，显示器是否能正常显示_____（填是或否）。

4. 讨论

用户反映车辆收音机不工作，经检查，多媒体显示器指示正常，但在调频、调幅或MP3模式下都没有声音。可能的故障原因有哪些？若怀疑是某个扬声器电路对搭铁短路，如何快速缩小故障范围？

_____

_____

任务2：导航系统升级

1. 任务说明

对导航系统进行升级。

2. 任务准备

（1）训练物品准备

请列举进行此项任务所需的工具、设备、资料和辅料。

_____

_____

（2）支持知识准备

请查阅相关资料，写下与此项训练任务相关的支持知识。

_____

_____

3. 任务操作

1）查询车辆导航的序列号是_____，地图的版本号是_____。

2）下载导航激活码，记录操作要点。

_____

_____

3）如何判断地图是否有最新版本？

_____

_____

4）将地图数据复制到SD卡，再将激活码复制到SD卡，记录操作要点。

_____

_____

_____

第十一节　自动空调系统实训

●训练情景：分析导致压缩机不工作的原因，借助诊断仪快速缩小故障范围。

●训练任务

任务1：自动空调系统功能认知

任务2：自动空调系统部件检测

任务3：压缩机故障诊断

●训练目标

目标1：了解自动空调系统的功能

目标2：能够对自动空调系统部件进行检测

目标3：能够对自动空调系统进行故障诊断

●训练时间：110min

●注意事项：测量电路时将万用表表笔从插接器背后插入，不能用表笔接触插接器针脚。

●训练实施条件：2 辆 CN210MR 高配车型。

任务1：自动空调系统功能认知

1. 任务说明
掌握自动空调系统控制功能。

2. 任务准备
（1）训练物品准备
请列举进行此项任务所需的工具、设备、资料和辅料。

_____

_____

（2）支持知识准备
请查阅相关资料，写下与此项训练任务相关的支持知识。

_____

_____

3. 任务操作
1）起动发动机，按下 AUTO 键，观察空调信息显示_____，表明在自动模式工作。

2）在自动模式下，调节温度是否会退出自动模式_____（填是或否）。

3）在自动模式下，操作哪些按键会退出自动模式？

_____

4）在风窗玻璃除霜功能的操作中，出风模式和鼓风机档位有什么特点？

_____

_____

任务2：自动空调系统部件检测

1. 任务说明
能够对自动空调系统部件进行检测。

2. 任务准备
（1）训练物品准备
请列举进行此项任务所需的工具、设备、资料和辅料。

_____

_____

（2）支持知识准备
请查阅相关资料，写下与此项训练任务相关的支持知识。

_____

3. 任务操作

1）在不断开插接器的状态下，用万用表测量鼓风机调速模块控制信号电压和反馈信号电压，记录到下表中。

鼓风机档位	0	1	2	3	4	5	6
控制信号电压/V							
反馈信号电压/V							

2）模拟空调控制模块的控制线开路，鼓风机工作特点是_____，模拟空调控制模块的鼓风机档位监控线开路，鼓风机工作特点是_____。

3）阳光照度传感器信号电压测量。断开传感器插接器，测量线束侧插接器两端电压值为_____V；插上插接器，在室内光线照度下，测量信号电压为_____V；将手电筒对准传感器，并由远到近靠近传感器，其信号电压变化特点是_____。

4）环境温度传感器。用热水加热传感器，观察空调显示器上的温度变化。如果显示器显示的温度不能立即更新，则可尝试断开空调控制模块，然后插复插接器进行更新。断开环境温度传感器插接器，模块显示器显示的温度为_____℃。

任务3：压缩机故障诊断

1. 任务说明
总结哪些因素会导致压缩机故障。

2. 任务准备
（1）训练物品准备
请列举进行此项任务所需的工具、设备、资料和辅料。

_____
_____

（2）支持知识准备
请查阅相关资料，写下与此项训练任务相关的支持知识。

_____
_____

3. 任务操作
在发动机起动并开启空调的状态下，分别执行下表所列操作项目，观察压缩机是否工作，同时执行自诊断操作，读取其故障码，并填写下表。

操作项目	压缩机是否工作	自诊断故障码	诊断仪故障码	诊断仪数据
断开环境温度传感器				
断开车内温度传感器				

(续)

操作项目	压缩机是否工作	自诊断故障码	诊断仪故障码	诊断仪数据
断开阳光照度传感器				
断开冷热风门电动机位置传感器插接器				
断开出风模式风门电动机位置传感器插接器				
断开鼓风机调速模块插接器				
断开内外循环电动机插接器				
断开蒸发箱温度传感器				
断开冷却液温度传感器				
断开空调压力开关				
断开进气温度传感器				
B-CAN 通信瘫痪				

4. 讨论

导致压缩机不工作的因素有哪些？

_____

_____

第六章 实训操作认证样题

第一节 CAN 网络实训操作认证样题

技师姓名：
单位名称：
成绩（总分 100 分）：
训练时间：30min
操作内容：CAN 网络
考核方向：技师对 CAN 网络故障的分析能力；技师对 CAN 网络故障的诊断能力。
工具设备：万用表 1 个，常规工具 1 套，电路图 1 本，探针 2 个，跨接线 1 根。
故障现象：发动机无法起动
故障设置：X202 到 ECM 侧的电路，CAN H 和 CAN L 短接。

一、教师用评分标准

项目	要点说明	得分	备注
初步诊断	起动车辆验证,2 分		
	用诊断仪进行验证,2 分		
	用诊断仪对全车模块进行检测,3 分		
	得出 P-CAN 所有模块无法工作故障,3 分		
故障分析	P-CAN H 对搭铁短路,3 分 P-CAN L 对电源短路,3 分 P-CAN H 与 CAN L 短接,3 分 P-CAN H 与 CAN L 交错,3 分 同时失去 2 个终端电阻,3 分 GW 模块的 CAN 线开路,3 分 GW 模块电源故障,3 分 GW 模块搭铁故障,3 分 GW 模块自身故障,3 分		
故障诊断	优先使用万用表测量诊断接口电压,10 分		
	对测量结果分析正确,P-CAN H 与 CAN L 短路,8 分		
	优先通过断开模块插接器方式排除模块故障,7 分		
	得出结论为 P-CAN H 对搭铁短路,5 分		
	通过断开插接器的方式缩小故障范围,5 分		
故障原因	告知在 X202 与 ECM 间的电路中存在 P-CAN H 与 CAN L 短路故障,10 分		
诊断思路	非常清晰 10 分,较清晰 8 分,清晰 5 分,一般 3 分,没有思路 0 分		

(续)

项目	要点说明	得分	备注
车辆复位	零部件、工具和资料复位,2分		
规范性	WDS 退出后断开 VCI,2分		
	用万用表测量电压时,黑色表笔用跨接线接蓄电池负极,2分		
	使用探针从插接器背后测量,2分		

二、技师用答题纸

技师姓名:		经销商名称:
故障现象:发动机无法起动		
故障原因可能有哪些?		
诊断思路与过程是什么?		
最终故障原因是什么?		

第二节 PEPS系统实训操作认证样题

技师姓名:
单位名称:
成绩(总分100分):
训练时间:30min
操作内容:PEPS系统
考核方向:技师对PEPS系统原理的掌握情况,技师对PEPS系统故障的诊断能力。
工具设备:万用表1个,电路图1本,常规工具1套,探针2个,跨接线1根。
故障现象:发动机不能起动
故障设置:将X211的13号针脚挑出来,藏在线束里。

一、教师用评分标准

项目	要点说明	得分	备注
初步诊断	起动车辆验证,2分		
	用诊断仪读取故障码,2分		
故障分析	点火开关电路故障,3分 车内天线电路故障,3分 钥匙故障,3分 PEPS模块电源与搭铁故障,3分 PEPS防盗匹配故障,3分 ESCL模块电路故障,3分 电源管理继电器故障,3分 注意:如果技师没有在答题纸上写出上述原因,则询问其上述原因是否会导致该故障,技师回答正确也得分		

(续)

项目	要点说明	得分	备注
故障诊断	技师通过诊断仪或其他方式确认点火开关电路正常,8分		
	技师通过诊断仪读取故障码或其他方式确认天线电路正常,8分		
	技师通过能够打开车门或其他方式确认钥匙正常,8分		
	技师通过诊断仪通信状态或其他方式确认电源和搭铁状态正常,8分		
	技师通过读取故障码和仪表指示,确认是ESCL模块电路故障,8分		
	判断出K线电路故障,5分		
	技师优先检查X211插接器,2分		
故障原因	技师告知具体故障点,10分		
诊断思路	非常清晰10分,较清晰8分,清晰5分,一般3分,没有思路0分		
车辆复位	零部件、工具和资料复位,2分		
规范性	WDS退出后断开VCI,2分		
	用万用表测量电压时,黑色表笔用跨接线接蓄电池负极,2分		
	使用探针从插接器背后测量,2分		

二、技师用答题纸

技师姓名:　　　　　　　　　　　　　经销商名称:

故障现象:发动机无法起动

故障原因有哪些?

诊断思路与过程是什么?

最终故障原因是什么?

第七章 课程测试题

第一节 课程测试题样题

测试说明：
1）在教师未允许时不要翻阅试卷。
2）不要在试卷上做标记。
3）考试结束后将试卷交给教师。
4）不要将试卷从考场带走。
5）本套试卷共 25 题，每题分值为 4 分，答题时间为 40min。

一、单项选择题

问题 1　以下对于 CAN 信号传输的描述不正确的是（　　）

A. 模块需要发送信号时，中央处理器将需要传输的信息发送给 CAN 控制器

B. 控制器以数字信号的形式驱动收发器电路，收发器中的驱动器向总线发出模拟电压信号

C. 节点需要从总线上采集信号时，差动放大器对 CAN H 与 CAN L 的电压值进行差动处理，并将结果发送给控制器

D. 收发器的作用是分析、转换来自控制器或总线的数据

问题 2　以下关于 CN210MR LV3 车型 CAN 网络结构的说法错误的是（　　）

A. 诊断接口的 6、14 号针脚用于诊断仪诊断 P-CAN、B-CAN 上的模块

B. P-CAN 的拓扑结构属于典型 BUS 型，其终端电阻位于 ECM 和 GW 中

C. B-CAN 通向诊断接口的 6、11 号针脚

D. C-CAN 只有 EBCM 和 YRS 两个模块

问题 3　在维修 CN113R 车型过程中，断开蓄电池负极后，使用万用表电阻档测量诊断接口的 6 号和 14 号针脚电阻，如果阻值为 0Ω，则不可能是以下哪个原因（　　）

A. ECM 内部故障

B. CAN H 和 CAN L 短路

C. BCM 的 CAN H 断路

D. EPS 内部故障

问题 4　下列哪项不属于 LIN 线的通信特点（　　）

A. 网络属于多主结构，节点之间可以相互通信

B. 用诊断仪可以对 LIN 模块进行诊断

C. 总线的电压范围为 0~12V

D. 网络的传输速率接近 20kbit/s，相对 CAN 网络属于"低速"传输

问题 5　CN113R 左前车窗不带防夹功能的车型，左前车窗中控开关不能控制其他三个车窗，以下哪个故障不会导致该现象（　　）

A. 左前车窗中控开关处的 LIN 线开路

B. 左后车窗开关内部的 LIN 线对搭铁短路

C. 右后车窗开关处的 LIN 线开路

D. 左前车窗中控开关电源断路

问题 6　以下对 CN113R 高配车型的模块维修编程描述正确的是（　　）

A. 更换模块后必须对其进行编程才能正常使用

B. 对模块编程时必须确保 VIN 码正确

C. 新车下线时所有模块已经编程，后续没有编程的必要

D. 无需连接相关网络也可完成编程

问题 7　对于 CN113R 车型，按压遥控器时不能执行所有功能，不可能是以下哪个故障所致（　　）

A. 遥控器电池电量不足

B. 周围有电磁干扰

C. 中控门锁熔丝熔断

D. 遥控器发射器损坏

问题 8　对于 CN113R 车型的车身防盗系统，以下哪种操作不会触发车身防盗警戒模式（　　）

A. 用机械钥匙解锁左前车门，但不打开车门

B. 用钥匙打开点火开关至 ON 位

C. 非法打开车门

D. 非法打开行李舱盖

问题 9　对于 CN113R 发动机防盗系统描述错误的是（　　）

A. 匹配完成后的车辆，ECM 只有 PIN 码和 SK 码，无钥匙 ID 码

B. 不同 VIN 码对应的 PIN 码是不同的

C. 钥匙内储存有 SK 码和 ID 码

D. 只有 ECM 验证 PIN 码和 SK 码，其他模块不验证

问题 10　CN210MR LV3 车型，更换以下哪个部件不需要执行防盗匹配（　　）

A. ECM

B. ESCL 模块

C. BCM

D. PEPS 模块

问题 11　以下对于 CN210MR LV3 车型执行无钥匙上锁的过程描述错误的是（　　）

A. 按压车门把手开关，信号传输给 PEPS 模块

B. PEPS 模块只激活车门把手天线

C. 钥匙发送高频信号给 PEPS 模块

D. PEPS 模块对钥匙进行定位和认证

问题 12　以下对于安全气囊系统的维修描述错误的是（　　）

A. 维修前必须确保蓄电池负极断开

B. 拆卸后的安全气囊必须正面朝上放置

C. 未弹出的安全气囊没有利用价值可以直接丢弃

D. 发现安全气囊线束有损坏时，不得维修，必须更换

问题 13 如果倒车雷达系统出现异常警告，则不可能是以下哪个原因所致（　　）

A. 传感器上有异物

B. 倒档信号异常

C. 车辆在坡道上挂倒档

D. 车辆后加装的无线电设备有干扰

问题 14 对于 CN113R 车型，以下哪个故障不会导致燃油表显示不准（　　）

A. 燃油油位传感器故障

B. ECM 的搭铁线接触不良

C. 燃油箱导致燃油油位传感器干涉

D. 燃油油位传感器搭铁电路虚接

问题 15 开启音响时所有扬声器均无声音，不可能是以下哪个原因所致（　　）

A. 按下静音键

B. 扬声器电路对搭铁短路

C. CAN 网络对搭铁短路

D. 音响设置异常

问题 16 对于 CN210MR 车型，以下关于 ESC（车身稳定控制系统）的描述正确的是（　　）

A. ESC 根据需要，在驾驶人不踩制动踏板的情况下对车轮施加制动力

B. ESC 工作时，仪表板上的 ESC 指示灯常亮

C. 配装 ESC 的车辆，无 ABS 功能

D. 车辆出现转向过度时，ESC 无法做出修正控制

问题 17 CN210MR 的车速在 40km/h 以上时，不踩制动踏板的状态下仪表板上的 ESP 指示灯闪烁，并伴随有发动机舱 EBCM 电磁阀工作声，不可能是以下哪个原因所致（　　）

A. 某个轮胎规格与原车轮胎不匹配

B. EBCM 的搭铁线虚接

C. 转向盘转角传感器标定错误

D. 多角度传感器内部故障

问题 18 对于 CN113R 车型的 EPS 系统转向盘、转角传感器，以下描述错误的是（　　）

A. 多极性磁铁安装在输入轴上

B. 能识别转向盘转过的角度，用于辅助回正

C. 共有 2 个霍尔式传感器

D. 集成在转向电动机总成内，不能单独更换

问题 19 对于 CN113R 车型，出现行驶跑偏故障，不可能是以下哪个原因所致（　　）

A. 转向盘转角学习有偏差

B. 前轮轮胎气压不一致

C. 主销后倾角异常

D. EPS 电动机的电源线接触不良

问题20 对于 CN113R 车型，以下哪种情况不需要执行胎压位置学习（　　）

A. 更换胎压监测模块

B. 胎压不足后调整到正常值

C. 更换胎压传感器

D. 轮胎换位

二、多项选择题

问题1 对于 CN210MR LV3 车型，用诊断仪进行全车诊断，发现 P-CAN 上的所有模块都没有通信，可能的故障原因是（　　）

A. P-CAN H 对搭铁短路

B. P-CAN L 对搭铁短路

C. B-CAN H 对搭铁短路

D. P-CAN H 对电源短路

问题2 用诊断仪读取安全气囊模块的驾驶人正面安全气囊电阻过高时，需要检查以下哪些项目（　　）

A. 检查驾驶人正面安全气囊的插接器是否插接可靠

B. 检查游丝线圈是否开路

C. 检查安全气囊线束是否开路

D. 用模拟电阻代替安全气囊来判断安全气囊是否开路

问题3 对于 CN210MR 的 PEPS 系统，如果出现无钥匙功能不能解锁，但后视镜、转向灯有相应动作现象，则可能的故障原因是（　　）

A. B-CAN L 对电源短路

B. 中控门锁熔丝熔断

C. 中控门锁电动机电路开路

D. 遥控器电池电量耗尽

问题4 对于 CN210MR 配装自动空调的车型，以下哪些原因会导致压缩机不工作（　　）

A. 阳光照度传感器电路开路

B. 环境温度传感器电路开路

C. 蒸发箱温度传感器电路开路

D. 空调压力开关故障

问题5 以下对于 TCS（驱动力控制系统）的描述错误的是（　　）

A. 系统依靠多角度传感器来识别车轮是否打滑

B. 只有监测到前轮打滑时，系统才参与工作

C. 监测到驱动轮打滑时，EBCM 优先对打滑的车轮进行制动

D. 监测到驱动轮打滑时，只有驾驶人踩下制动踏板时，系统才参与控制

第二节　课程测试答题卡

学生姓名		测试成绩	
课程名称		测试日期	
评分标准	本测试题包括单项选择题和多项选择题,共 25 题。单项选择题共 20 题,每题分值为 4 分,多项选择题共 5 题,每题分值为 4 分,总分为 100 分。错选、不选或多选均不得分		

请在正确选项对应的表格内打"√"。

一、单项选择题

题号	选项			
	A	B	C	D
1				
2				
3				
4				
5				
6				
7				
8				
9				
10				
11				
12				
13				
14				
15				
16				
17				
18				
19				
20				

二、多项选择题

题号	选项			
	A	B	C	D
1				
2				
3				
4				
5				

第三节 课程测试答案

一、单项选择题

题号	选项			
	A	B	C	D
1				√
2			√	
3			√	
4	√			
5			√	
6		√		
7			√	
8		√		
9				√
10			√	
11		√		
12			√	
13		√		
14		√		
15			√	
16	√			
17		√		
18		√		
19				√
20		√		

二、多项选择题

题号	A	B	C	D
1	√			√
2	√	√	√	√
3		√	√	
4			√	√
5	√		√	√

参 考 文 献

[1] 陈家瑞. 汽车构造：下册 [M]. 3版. 北京：机械工业出版社，2009.
[2] 孟国强，洪志杰. 汽车车身电气系统诊断与修复 [M]. 广州：华南理工大学出版社，2012.
[3] 尹爱华. 汽车车身电气故障诊断与检修 [M]. 北京：机械工业出版社，2015.
[4] 宋广辉，赵彤宇. 汽车电路与电子系统检修 [M]. 北京：清华大学出版社，2014.
[5] 李永力. 汽车电路和电子系统检修 [M]. 北京：机械工业出版社，2014.
[6] 尹万建. 汽车电气设备原理与维修 [M]. 北京：高等教育出版社，2008.